Gerd Stuckert

Rechtschreibstrategien

Leichter und erfolgreicher zum richtigen Schreiben

7.-10. Jahrgangsstufe
Bd. I

ISBN 978-3-89291-**393**-1

1. Groß- und Kleinschreibung
Großschreibung
1. Signalwörter machen andere Wörter zu Nomen
a. Artikel
b. Adjektive
c. Präpositionen (mit verstecktem Artikel)
d. Pronomen
e. Unbestimmte Zahlwörter (etwas, nichts, viel)
f. Dazugedachter Artikel
g. Häufig als Nomen verwendete Wörter - das Ganze nun im Einzelnen
2. Nomen in festen Verbindungen
a. Feste Verbindungen von Nomen und Verb - Auto fahren, Anteil nehmen
b. Feste Verbindungen von Präposition und Nomen - im Grunde
c. Feste Verbindungen von Präposition, Nomen und Verb - außer Acht lassen
d. Feste Verbindungen mit zwei Schreibweisen - auf Grund/aufgrund
3. Mehrteilige Eigennamen (Karl der Große, der Stille Ozean)
4. Herkunftsbezeichnungen (Kölner Dom, Münch(e)ner Oktoberfest)
Kleinschreibung
1. Wörter, die sich auf ein Nomen beziehen
2. Adverbien bei Zeitangaben (heute, abends)
3. Abgeleitete Adjektive auf „-isch" und „-ach"
4. Unbestimmte Zahlwörter (ein, andere, viel, wenig)
5. Die Anredepronomen „du" und „dein"

Groß- oder Kleinschreibung
1. Einige Nomen in Verbindung mit sein, bleiben, werden (pleite sein)
2. Großschreibung im Überblick
3. Kleinschreibung im Überblick
4. Gegenüberstellung von Groß- und Kleinschreibung
5. Test zur Groß- und Kleinschreibung
6. Texte
a. Kennst du diese Stadt?
b. Alkohol - eine schleichende Gefahr
II. Zusammen- und Getrenntschreibung
Zusammenschreibung
1. Zusammengesetzte Nomen und Adjektive
2. Zusammengesetzte Verben
a. Verbindungen aus Adverb + Verb
b. Nomen als erster Bestandteil des Verbs (heimgehen, teilnehmen)
c. Verbverbindungen mit unselbständigem ersten Bestandteil - fehlschlagen
Getrenntschreibung
1. Verbindungen mit einem Verb (als zweitem Bestandteil)
a. Nomen + Verb (Auto fahren, Angst haben)
b. Verb + Verb (spazieren gehen, schreiben lernen) Verb + Verb (sitzen bleiben/sitzenbleiben)
c. Verbindungen mit sein/gewesen (da sein, da gewesen)
d. Adjektiv + Verb (schnell fahren, richtig rechnen) Adjektiv + Verb (gutschreiben, freisprechen)
2. Verbindungen mit einem Adjektiv oder Partizip
3. Weitere Verbindungen
a. Verbindungen mit „so", „wie", „zu", „allzu" und „gar" (so viele)
b. Feste Verbindungen von Präposition, Nomen und Verb (zu Ende gehen)

Zusammen-/Getrenntschreibung
1. Zusammen- oder Getrenntschreibung „mal" als Wortbaustein, „Mal" als Nomen
2. Zusammen- und Getrenntschreibung - beide Schreibweisen möglich
3. Die 10 wichtigsten Regeln zur Zusammen- und Getrenntschreibung
4. Übersicht über die Zusammen- und Getrenntschreibung
5. Übungen zur Zusammen- und Getrenntschreibung
6. Text: Kann man selbständiges Handeln lernen
7. Test zur Zusammen- und Getrenntschreibung
III. Trennung von Wörtern am Zeilenende
IV. Zeichensetzung: Die wichtigsten Satzzeichen
1. Punkt, Fragezeichen und Ausrufezeichen
2. Kommasetzung
a. Komma bei Aufzählungen
b. Kommasetzung in Satzreihen (zwischen Hauptsätzen)
c. Kommasetzung in Satzgefügen
d. Kommasetzung bei Zusätzen oder Nachträgen
e. Kommasetzung bei Anreden und Ausrufen
3. Die Zeichensetzung bei der wörtlichen Rede
4. Der Bindestrich

Rechtschreibstrategien 7.-10. Bd. II
Nr. 593 *83 Seiten* € 16,90

48

Lösung

Diktat

Konsum auf Pump

...

70

Lösung

Theorieblock: Das Vorstellungsgespräch

...

Vorbemerkungen
Inhaltsverzeichnis
Benotungstabellen

Einteilung der Wörter nach ihrer rechtschriftlichen Besonderheit
Häufige Fehlerwörter
Zum Aufbau eines Grundwortschatzes
Häufigkeitswörter-Liste
Wichtige Rechtschreibstrategien
Merkwörter-Liste (mit Fremdwörtern)
Mehrfachstrategien bei abgeleiteten und zusammengesetzten Wörtern

I. Teil
Diktate (Übungstexte)
1. Arbeiten rund um die Uhr
2. Urlaub im Weltraumhotel
3. Kinder ohne Zukunft
4. Jugendliche in der Schuldenfalle
5. Lernen will gelernt sein
6. Ein historischer Tag
7. Soll man Computerspiele verteufeln?
8. Konsum auf Pump
9. Traumjob gesucht
10. Rettet die Umwelt

II. Teil
Diktate (simulierte Prüfung)
1. Sturzhelm auch für Radfahrer?
2. Das grenzt an Unverschämtheit
3. Sich kranklachen für ein gesundes Leben
4. Das Vorstellungsgespräch
5. Wahlrecht für 16-Jährige

III. Teil
Weitere Diktate (Übungstexte)

Anhang
Wörter nachschlagen und trainieren
Unregelmäßige Verben
Wortfamilien häufiger Fehlerwörter
Grammatik: Grundbegriffe

Die neue Rechtschreibprüfung
Nr. 643 *81 Seiten* € 16,90

5

A | Name: | Datum:

Textaufgabe:
Hamburg startet das Projekt „Begleitetes Fahren - Führerschein mit 17"

...

6

A | Name: | Datum:

Textaufgabe:
Hamburg startet das Projekt „Begleitetes Fahren - Führerschein mit 17"

...

1. Textaufgabe: Hamburg startet das Projekt „Begleitetes Fahren - Führerschein mit 17"
2. Textaufgabe: Alkopops - ein harmloser Partyspaß?
3. Textaufgabe: Fernsehen - ein „Zeitkiller"?
4. Textaufgabe: Schön sein, fit sein, stark sein - ein neuer Kult
5. Textaufgabe: Ausbildungsabbruch, was nun?
6. Textaufgabe: Oje, die Jugend! Schon immer wird sie schlimmer
7. Textaufgabe: Knackige Bräune - ein Schönheitsideal wird zum Risiko
8. Textaufgabe: Lies! Mir! Vor!
9. Textaufgabe: Land ohne Leser
10. Textaufgabe: Energiesparen ist Umweltschutz
11. Textaufgabe: Arm, ärmer, Kind
12. Textaufgabe: Ohne Internet leben - geht das denn noch?

Die neue Aufsatzprüfung
Nr. 657 *ca. 75 Seiten* € 15,90

29

M | Name: | Datum:

Teil I
5. Aufgabengruppe (1)
(ohne Taschenrechner/ohne Formelsammlung)

...

75

Lösung

1. Mathematikprüfung
Teil II (Aufgabengruppe 3)
(mit Taschenrechner und Formelsammlung)

...

Inhaltsverzeichnis

1. Kapitel
Vorbemerkungen zur neuen Prüfung
Prüfungsaufgaben Teil I
mit Lösungen

2. Kapitel
Gesamtprüfungsaufgaben
aus Teil I und II
3 Prüfungen à 3 Aufgabengruppen
mit Lösungen

3. Kapitel
Mündliche Prüfung
9 Aufgabengruppen mit Lösungen

Die neue Mathematikprüfung
Nr. 658 *119 Seiten* € 18,90

Vorwort

Aufgrund der neuen Einteilung des Wortschatzes in Mitsprech- (Hör-), (Nach) Denk- und Merkwörter werden spezifische Rechtschreibstrategien aufgezeigt, die der Besonderheit der Wörter entsprechen. Es ist nun Aufgabe der Schule, die Ausbildung einzelner Strategien anzubahnen und diese systematisch aufzubauen: Lautgetreues Schreiben als Grundstrategie, darauf aufbauend das regelgeleitete und nicht regelgeleitete Schreiben.
Erst wenn ein gewisses Repertoire solcher Strategien verfügbar ist, können Schüler die Gesetzmäßigkeiten der Sprache entdecken und Wörter entsprechend ihrer Schwierigkeit effektiv bearbeiten.

In Form von Arbeitsblättern und Kartei- bzw. Stationskarten wird ein effektives Übungsmaterial angeboten. Es ist dem Autor bewusst, dass die Arbeitsblätter stofflich oft überladen und deshalb in einer Unterrichtsstunde nicht zu bewältigen sind. Bei der Gestaltung der AB wurde berücksichtigt, dass das Kopierkontingent in den Schulen meist stark eingeschränkt wird. Deshalb sollte auf einem AB eher mehr als weniger Übungsmaterial angeboten werden. Sinnvoll wäre wohl der Einsatz eines AB sowohl in der Schule als auch als Hausaufgabe.
Die Karteikarten ermöglichen es den Schülern, die Wörter noch intensiver zu trainieren und sich selbst zu kontrollieren. Sie können fotokopiert und laminiert oder einfach in Klarsichthüllen (DIN A 5) geschoben werden. Die Schüler bearbeiten sie dann mit einem wasserlöslichen Folienstift während einer Freiarbeitsphase oder in einem Stationentraining.

Neu ist der Versuch für rechtschriftliche Besonderheiten jeweils eine Kurzform(el) zu finden, die das Wesentliche einer Regel symbolisiert und sich somit leichter einprägen lässt.
Beispiel: **i** → ie (= das langgesprochene **i** wird meist mit ie geschrieben)

Auf die Form von Nachschriften wurde verzichtet. Stattdessen wird meist in Rätselform nach dem neuen Begriff gesucht. In weiteren abwechslungsreichen Aufgabenstellungen werden dann die neuen Wörter geübt. Ein nur isoliertes Üben von Wörtern ist jedoch zu einseitig. Daher werden auch Texte angeboten, in denen einzelnen Rechtschreibbesonderheiten akzentuiert und in einen inhaltlichen Zusammenhang gebracht werden.

Für Korrekturen oder weitere Anregungen ist der Verfasser dankbar.
Verlag und Verfasser hoffen, dass Sie mit diesen Materialien erfolgreich arbeiten können und Ihre Schüler - trotz trockenem Stoff - dabei manchmal auch ein bisschen Spaß haben.

Zeichen und Kürzel für Überlegungen zum richtigen Schreiben

Wähle einige aus, die du gut findest. Am besten legst du dir eine eigene Kürzelliste an.

Kurzform	Beispiele	Erläuterung der Strategie
‿‿	Birne, raten	**❶ Mitsprech-/Hörwörter (Hw)** Ich spreche ein Wort grundsätzlich **silbenweise** mit.
V oder V	bald, rot	Vokal wird **kurz** oder **lang** gesprochen.
VM	Paket, leben	Nach einem lang gesprochenen Vokal folgt meist nur ein Mitlaut.
VM → VdM	Ball, Mitte	**❷ Denkwörter (Dw)** Ist nach einem **kurz** gesprochenen Vokal nur **ein** Mitlaut hörbar, dann wird dieser **verdoppelt**.
Vk → Vck	Block, wecken, dick	Nach **kurzem** Vokal folgt **ck** (statt kk).
Vz → Vtz	Blitz, nützen, spitz	Nach **kurzem** Vokal folgt **tz** (statt zz).
i → ie	Brief, fliegen, hier	Das lang gesprochene i wird meist mit **ie** geschrieben.
□→ ‿‿	lieb → lieber; Geld → Gelder; Reh → Rehe; Berg → Berge	**Wort verlängern** Die Mitlaute **d**, **b**, **g** und **h** am Wortende können besser gehört werden, wenn jeweils das Wort verlängert und silbenweise mitgesprochen wird.
‿h‿	Nähe, sehen	Das **h** am Anfang einer Silbe kann man hören.
(Gf)	legt → legen; geht → gehen; lebt → leben	**Grundform** suchen Bei der Grundform des gebeugten Verbs ist ein Mitlaut deutlicher hörbar.
(ä)(a) (äu)(au)	hart → Härte Traum → träumen	**Verwandtes** Wort suchen. Wort wird mit **ä/äu** geschrieben, wenn es zu ihm ein verwandtes Wort mit **a/au** gibt.
(ll)(ll)	ro**ll**en, Ro**ll**e, Ro**ll**er	Wenn einmal im Wortstamm ll, dann bei allen verwandten Wörtern ll.
der die das ↑	der Ball, das Haus	**Großschreibung**, wenn man vor das Wort einen Begleiter (der, die, das) setzen kann.
↓	legen, lustig, gern	**Kleinschreibung** bei allen anderen Wörtern.
Vh	Bahn, fühlen	**❸ Merkwörter (Mw)** Lang gesprochener Vokal mit Dehnungs-**h**.
VV	Haar, Meer	Langer Vokal mit weiterem Selbstlaut → doppelter Selbstlaut **aa, ee, oo**.
Vß	Spaß, heiß	Langer Vokal mit **ß** → Merkwörter mit **ß**.

Abkürzungen: GW = Grundwort, FW = Fremdwort, NS = Nachsilbe, VS = Vorsilbe, WSt. = Wortstamm, WF = Wortfamilie, GSch = Großschreibung, KSch = Kleinschreibung

Hinweise zur Bearbeitung der Übungstexte

1. Ein Wort, das sich im Text wiederholt, nur einmal aufschreiben.
2. Du kannst die Wörter des Textes auch in ihre **Grundform** setzen - so wie sie als Stichwort im Lexikon stehen. Setze dann gebeugte Verben in die Grundform, z. B. setzt (setzen), legte (legen). Bei **unregelmäßigen Verben** schreibe jedoch das Verb, wie es im Text steht und dazu noch die Grundform, z. B. ritten (reiten), stieß (stoßen)
3. Bei **zusammengesetzten Wörtern**, die gut zu trennen sind, kannst du auch **nur** das Wort mit der be sonderen Schwierigkeit aufschreiben, z. B. Fußballklub ⇨ Klub, auseinanderziehen ⇨ ziehen.
4. ⚭ Schreibe zu den **ä/äu**-Wörtern auch ein verwandtes **a/au**-Wort, z. B. kämpfen - Kampf, läuten - laut.
5. □→ Schreibe zu diesen Wörtern mit **b**, **d**, **g** und **h** am Wortende auch das **verlängerte** Wort, das diese Mitlaute besser hören lässt, z. B. Weg - Wege, mild - milder, Flugzeug - Flüge, freundlich - Freunde.
6. (Gf) Schreibe zu dem **gebeugten** Verb die **Grundform**, in der beim silbenweisen Sprechen der Mitlaut besser zu hören ist, z. B. geht - gehen, sagte - sagen.
7. Beachte: Die Häufigkeitswörter (vgl. Häufigkeitswörter-Liste) werden in den Übungen zu den Texten nicht mehr berücksichtigt. Es wird vorausgesetzt, dass diese Wörter, z. B. denn, sehr, viel bereits sicher beherrscht werden.

Inhaltsverzeichnis

Grundlegende Voraussetzungen zum richtigen Schreiben

Wissenschaftliche Untersuchungen zum Wortschatz der deutschen Sprache brachten erstaunliche Erkenntnisse für das richtige Schreiben. Danach kann man **richtig schreiben** mit

- den **15** häufigsten Wörtern etwa **ein Viertel** eines **normalen Textes**
- den **100** häufigsten Wörtern bereits **die Hälfte** eines **normalen Textes**
- den **400** häufigsten Wörtern (Kernwortschatz) etwa **drei Viertel** eines **normalen Textes**
- den **1000** häufigsten Wörtern etwa **80 Prozent** eines **normalen Textes**

Die häufigsten Wörter der deutschen Sprache

Es geht nun zunächst um die 100 wichtigsten Wörter, die hier um etwa 50 Wörter erweitert wurden. Da diese 100 bis 150 Wörter etwa - wie oben bereits erwähnt - die Hälfte eines normalen Textes ausmachen, sind sie besonders wichtig. Diese Häufigkeitswörter werden auch als **Strukturwörter** bezeichnet, da sie den inneren Bau (= Struktur) eines Satzes bestimmen.
Untersuche die folgenden Texte und stelle mit deiner Häufigkeitswörter-Liste jeweils fest, ob es tatsächlich zutrifft, dass etwa die Hälfte der Wörter des Textes Häufigkeitswörter sind.

1. Text: Zur Bedeutung des Nachschlagens

Auf die Bedeutung des selbständigen Umgangs mit Nachschlagewerken wird immer wieder nachdrücklich hingewiesen. Solche Hilfsmittel, die jeder Geistesarbeiter am Schreibtisch immer wieder benötigt, müssen auch in der Schule eingesetzt werden. Und damit sie sinnvoll gebraucht werden können, muss das Nachschlagen selbst gelernt und so oft wie möglich geübt werden.
Nachschlagen ist ja nicht nur für die Rechtschreibung wichtig, sondern es ist eine grundlegende Fertigkeit, sich Informationen jeder Art beschaffen zu können. Auch das Nachschlagen im Lexikon, in Katalogen und alphabetischen Verzeichnissen (z. B. Telefonbüchern) gewinnt im späteren Leben immer mehr an Bedeutung. Mit solchen Techniken können tägliche Aufgaben und Probleme besser gelöst werden. Somit lässt sich sagen: Das Wörterbuch ist wahrscheinlich das wichtigste Schulbuch überhaupt. Deshalb ist es ganz wichtig, dass man es auch schnell und richtig benutzen kann.

Wie viele Wörter enthält dieser Text insgesamt? ☐ Wörter Davon ☐ Häufigkeitswörter

Mehr als die Hälfte des Textes Häufigkeitswörter? O ja O nein

2. Text: Erfolgreich lernen

Der Erfolg beim Lernen hängt nicht nur von der Intelligenz, sondern auch vom körperlichen Befinden ab. Gesunde Ernährung, ausreichende Bewegung und ein erholsamer Schlaf sind dazu sehr wichtige Voraussetzungen. Warum können wir uns aber bestimmte Dinge so leicht merken, andere wiederum überhaupt nicht?
Die Erfahrung lehrt, dass alles, was für uns von besonderem Interesse ist, fast vollautomatisch gespeichert wird. Wenn ein Kind, das sich Vokabeln oder mathematische Formeln einprägen will, den Sinn seines Tuns nicht sieht, dann werden die Informationen schnell wieder verworfen. Äußerst wichtig ist auch, dass man sich das Arbeitspensum genau einteilt.

Wie viele Wörter enthält dieser Text insgesamt? ☐ Wörter Davon ☐ Häufigkeitswörter

Da diese Häufigkeitswörter sehr oft vorkommen, muss ich sie auch besonders gut lernen, so gut, dass ich sie ganz automatisch kann und wirklich keine Fehler mehr mache.

Grundlegende Voraussetzungen zum richtigen Schreiben

Wissenschaftliche Untersuchungen zum Wortschatz der deutschen Sprache brachten erstaunliche Erkenntnisse für das richtige Schreiben. Danach kann man **richtig schreiben** mit

- den **15** häufigsten Wörtern etwa **ein Viertel** eines **normalen Textes**
- den **100** häufigsten Wörtern bereits **die Hälfte** eines **normalen Textes**
- den **400** häufigsten Wörtern (Kernwortschatz) etwa **drei Viertel** eines **normalen Textes**
- den **1000** häufigsten Wörtern etwa **80 Prozent** eines **normalen Textes**

Die häufigsten Wörter der deutschen Sprache

Es geht nun zunächst um die 100 wichtigsten Wörter, die hier um etwa 50 Wörter erweitert wurden. Da diese 100 bis 150 Wörter etwa - wie oben bereits erwähnt - die Hälfte eines normalen Textes ausmachen, sind sie besonders wichtig. Diese Häufigkeitswörter werden auch als **Strukturwörter** bezeichnet, da sie den inneren Bau (= Struktur) eines Satzes bestimmen.
Untersuche die folgenden Texte und stelle mit deiner Häufigkeitswörter-Liste jeweils fest, ob es tatsächlich zutrifft, dass etwa die Hälfte der Wörter des Textes Häufigkeitswörter sind.

1. Text: Zur Bedeutung **des** Nachschlagens

Auf die Bedeutung **des** selbständigen Umgangs **mit** Nachschlagewerken **wird immer wieder** nachdrücklich hingewiesen. Solche Hilfsmittel, **die jeder** Geistesarbeiter **am** Schreibtisch **immer wieder** benötigt, **müssen auch in der** Schule eingesetzt **werden. Und damit sie** sinnvoll gebraucht **werden können**, **muss das** Nachschlagen **selbst** gelernt **und so oft wie** möglich geübt **werden**.
Nachschlagen **ist ja nicht nur für die** Rechtschreibung wichtig, sondern **es ist eine** grundlegende Fertigkeit, **sich** Informationen **jeder** Art beschaffen **zu können**. **Auch das** Nachschlagen **im** Lexikon, **in** Katalogen **und** alphabetischen Verzeichnissen (z. B. Telefonbüchern) gewinnt **im** späteren Leben **immer mehr an** Bedeutung. **Mit** solchen Techniken **können** tägliche Aufgaben **und** Probleme besser gelöst **werden**. Somit lässt **sich** sagen: **Das** Wörterbuch **ist** wahrscheinlich **das** wichtigste Schulbuch überhaupt. **Deshalb ist es ganz** wichtig, **dass man es auch** schnell **und** richtig benutzen **kann**.

Wie viele Wörter enthält dieser Text insgesamt? **122** Wörter   Davon **72** Häufigkeitswörter

Mehr als die Hälfte des Textes Häufigkeitswörter?   ☒ ja   O nein

2. Text: Erfolgreich lernen

Der Erfolg **beim** Lernen hängt **nicht nur von der** Intelligenz, sondern **auch vom** körperlichen Befinden **ab**. Gesunde Ernährung, ausreichende Bewegung **und ein** erholsamer Schlaf **sind dazu sehr** wichtige Voraussetzungen. **Warum können wir uns aber** bestimmte Dinge **so** leicht merken, **andere** wiederum überhaupt **nicht**?
Die Erfahrung lehrt, **dass alles**, **was für uns von** besonderem Interesse **ist**, fast vollautomatisch gespeichert **wird**. **Wenn ein** Kind, **das sich** Vokabeln **oder** mathematische Formeln einprägen **will**, **den** Sinn **seines** Tuns **nicht** sieht, **dann werden die** Informationen schnell **wieder** verworfen. Äußerst wichtig **ist auch**, **dass man sich das** Arbeitspensum genau einteilt.

Wie viele Wörter enthält dieser Text insgesamt? **96** Wörter   Davon **50** Häufigkeitswörter

Da diese Häufigkeitswörter sehr oft vorkommen, muss ich sie auch besonders gut lernen, so gut, dass ich sie ganz automatisch kann und wirklich keine Fehler mehr mache.

Häufigkeitswörter-Liste

Diese Kurzwörter kommen sehr häufig vor. Ich muss sie deshalb besonders gut lernen.

a

- ● **ab** (!) (Abfall, abreisen)
- **aber**
- **alle,** alles allem, allen
- **als**
- **also**
- **am** (!) (=an dem)
- ● **an** (!) (Antrag, ankommen)
- **andere** anderen, anderer anderes, anders
- **auch**
- ● **auf** (Aufgabe, aufpassen)
- ● **aus** (Ausweis, ausgehen)

b

- **bald**
- ● **bei** beim (=bei dem) (Beifall, beiliegen) beide, beiden
- **bin** (!)
- **bis** (!)
- **bist** (du)

d

- **da** dabei, dafür, daher damals, damit, danach
- **dann**
- **daran,** darauf, darin, darüber, darum
- **das**
- **dass**
- **davon,** davor, dazu
- **dein,** deine deinem, deinen deiner, deines
- **dem**
- **den**
- **denn**
- **der,** derselbe
- **des** deshalb, deswegen
- **dich**
- **die**
- **dies,** diese diesem, diesen dieser, dieses
- **dir**
- **doch**
- **dort,** dorthin
- **du**
- ● **durch** (Durchgang, durchblicken)

e

- ● **ein,** eine einem, einen einer, eines (Einfahrt, einsehen)
- ● **er** (Erfolg, erleben)
- **erst**
- **es**
- **etwas,** etwa
- **euch**
- **euer** eure

f

- **fast**
- **fest**
- ● **fort** (Fortschritt, fortsetzen)
- **für**

g

- **ganz** ganze, ganzen ganzer, ganzes
- **gar,** gar nicht
- **gegen**
- **gestern**
- **gleich**

h

- **haben** ich habe, du hast er hat, er/ich hatte
- **halb**
- ● **her** herab, heran, heraus, herein (Herstellung, hergeben)
- **heute**
- **hier**
- ● **hin** (!) hinaus, hinein (Hingabe, hinfallen)
- ● **hinter,** hinten (Hinterrad, hintergehen)

i

- **ich**
- **ihm**
- **ihn,** ihnen
- **ihr,** ihre ihrem, ihren
- **im** (!)(= in dem)
- **immer**
- **in** (!)
- **ins** (= in das)
- **ist**

j

- **ja**
- **jede,** jeden jeder, jedes
- **jemand**
- **jetzt**

k

- **kann,** kannst
- **kaum**
- **kein** keinem, keinen keiner, keines
- **können,** konnte

l

- **links**
- **los,** loslassen

m

- **mal,** einmal
- **man** (!)
- **manche,** mancher manchmal
- **mehr**
- **mein,** meine meinem, meinen meiner, meines
- **mich**
- **mir**
- ● **mit** (!) (Mitlaut, mitbringen)
- **morgen**
- **müssen** ichmuss, du musst er/sie/es muss, musste

n

- ● **nach,** nachdem (Nachricht, nachdenken)
- **neben**
- **nein**
- **nicht**
- **nichts**
- **nie**
- **niemals**
- **niemand**
- **noch**
- **nun**
- **nur**

o

- **ob** (!)
- **oben**
- **oder**
- **oft**
- **ohne**

r

- **rechts**

s

- **schon**
- **sehr**
- **sein,** seine seinem, seinen seiner, seines
- **sein,** er ist ich bin, du bist wir sind, ihr seid
- **seit**
- **selber** selbst
- **sich**
- **sie/Sie**
- **sind** (wir, sie)
- **so** sofort, sogar
- **sollen** ich soll, du sollst er/sie/es soll, sollte

t

- **trotz,** trotzdem

u

- ● **über** (Übergabe, überlegen)
- ● **um** (!) (Umstand, umziehen)
- **und**
- **uns** unser, unsere unserem, unseren
- **unten**
- ● **unter** (Unterhemd, unterhalten)

v

- **viel,** viele, vielen vieles wie viel, so viel, zu viel
- **vom** (!) (=von dem)
- **von** (!)
- ● **vor,** voran, voraus, vorbei vorher, vorhin (Vorsicht, vorschlagen)

w

- **wann**
- **war** (ich, er), waren
- **warum**
- **was**
- ● **weg** (Wegnahme, wegwerfen)
- **wegen**
- **weil**
- ● **weiter** (Weiterbildung, weitersagen)
- **welche** welchem, welchen welcher, welches
- **wem**
- **wen**
- **wenig**
- **wenn**
- **wer**
- **werden** ich werde, du wirst er/sie/es wird
- **wie**
- ● **wieder** (Wiederholung, wiederkommen)
- **wir**
- **wird**
- **wo,** wofür, woher wohin, worüber, wozu
- **wollen** ich will, du willst er/ sie / es will, wollte

z

- ● **zu,** zuerst, zuletzt (Zustand, zulassen)
- **zum** (!) (=zu dem)
- **zur** (=zu der)
- ● **zurück** (Zurückhaltung, zurückkehren)
- ● **zusammen** (Zusammenstoß zusammenzählen)
- **zwischen** (Zwischenlauf zwischendurch)

● = Kurzwörter, die auch als Vorsilben verwendet werden. Da mit diesen Vorsilben viele neue Wörter gebildet werden können, kommen diese Kleinwörter häufig vor.

(!) „Sparwörter", bei denen nach kurz gesprochenem Selbstlaut/Umlaut der eine folgende Mitlaut **nicht verdoppelt** („gespart") wird.

Kleiner Kurzwörter-Test

Du hast sie schon oft verwendet. Immer wieder werden diese Häufigkeitswörter gebraucht. Wie viele Kurzwörter kannst du aus dem Gedächtnis in die Tabelle unten eintragen? Ergänze die fehlenden Wörter mit deiner Häufigkeitswörter-Liste.

Wörter mit doppeltem Mitlaut (VdM)				Vck/tz	Wörter mit ie (i → ie)		

Wörter mit b, d, g am Wortende			Dehnungs-h (Vh)		i ≠ ie (nur i)	Wörter mit v	

Von den Kurzwörtern mit dieser Schwierigkeit	so viele insgesamt	so viele gefunden	Diese Kurzwörter fehlten noch:
• Wörter mit dM (VdM)			
• Wörter mit ck/tz (Vck/Vtz)			
• Wörter mit ie (i → ie)			
• W. mit b, d, g am Wortende			
• W. mit Dehnungs-h (Vh)			
• Wörter nur mit i (i ≠ ie)			
• Wörter mit v			

Kleiner Kurzwörter-Test

Du hast sie schon oft verwendet. Immer wieder werden diese Häufigkeitswörter gebraucht. Wie viele Kurzwörter kannst du aus dem Gedächtnis in die Tabelle unten eintragen? Ergänze die fehlenden Wörter mit deiner Häufigkeitswörter-Liste.

Wörter mit doppeltem Mitlaut (VdM)				Vck/tz	Wörter mit ie (i → ie)		
alle	**denn**	**können**	**wann**	**jetzt**	**die**	**nie**	**viel**
dann	**immer**	**müssen**	**wenn**	**trotz**	**dies**	**niemals**	**wie**
dass	**kann**	**sollen**	**zusammen**	**zurück**	**hier**	**sie**	**wieder**

Wörter mit b, d, g am Wortende			Dehnungs-h (Vh)		i ≠ ie (nur i)	Wörter mit v	
ab	**jemand**	**weg**	**ihm**	**mehr**	**dir**	**viel**	**vor**
bald	**ob**	**wenig**	**ihn**	**sehr**	**mir**	**vom**	**davon**
halb	**und**	**wird**	**ihr**		**wir**	**von**	**davor**

Von den Kurzwörtern mit dieser Schwierigkeit	so viele insgesamt	so viele gefunden	Diese Kurzwörter fehlten noch:
• Wörter mit dM (VdM)	**12**		
• Wörter mit ck/tz (Vck/Vtz)	**3**		
• Wörter mit ie (i → ie)	**9**		
• W. mit b, d, g am Wortende	**9**		
• W. mit Dehnungs-h (Vh)	**5**		
• Wörter nur mit i (i ≠ ie)	**3**		
• Wörter mit v	**6**		

RS	Name: ____________________	Datum: ____________

Zusammengesetzte Kleinwörter

Klein- oder Kurzwörter (Minis) können miteinander zusammengesetzt werden.

① Zusammengesetzte Minis

ab	auf
aus	da
her	hin

Wörter mit 2 Bausteinen	Wörter mit 3 Bausteinen

Mit nur ☐ Minis habe ich ☐ weitere neue Wörter gefunden. Das sind beinahe doppelt so viele.

② Mini - Rallye

ein	her	da
aus	an	bei
hin	vor	der

In diesem Baukasten befinden sich 9 Minis, mit denen du weitere wichtige Wörter mit zwei, drei und sogar vier Bausteinen bilden kannst. Wie viele findest du? Schreibe sie zuerst auf deinen Block und ordne sie dann unten entsprechend ein.

Zusammengesetzte Minis mit

2 Bausteinen			3 Bausteinen	4 Bausteinen

Mit nur ☐ Minis habe ich ☐ weitere neue Wörter gefunden. Ist das nicht prima?
Ich habe nahezu dreimal so viele neue Wörter gefunden.

Diese zwei Baukastenbeispiele - besonders das letzte - zeigen ganz deutlich:
Mein Wortschatz kann enorm wachsen, wenn ich die von mir gewussten Wörter gut kombinieren kann. Diesen Sachverhalt kennst du von den Wortbausteinen her. Wenn man den **Wortstamm** kennt, kann man mit Anfangs- und Endbausteinen (z. B. Vor- und Nachsilben) viele neue Wörter finden.

③ Minis mit da-/dar-

Aller guten Dinge sind drei. Deshalb noch ein Beispiel, wie du gut kombinieren kannst.
Arbeite mit deiner Häufigkeitswörter-Liste. Wie viele zusammengesetzte Minis mit **da-/dar-** als erstem Wortbestandteil kannst du bilden?

da- dabei, ____________________

____

dar- daran, ____________________

Was kannst du feststellen? Wann heißt bei den zusammengesetzten Minis das 1. Wort **da-** und wann **dar-**?

- Wenn das 2. Wort mit einem ____________ beginnt, dann ________.
- Wenn das 2. Wort mit einem ____________ beginnt, dann ________.

So viele zusammengesetzte Wörter mit da-/dar- habe ich gefunden: ☐.

RS	Name: ______________________	Datum: ______________	

Zusammengesetzte Kleinwörter

Klein- oder Kurzwörter (Minis) können miteinander zusammengesetzt werden.

① Zusammengesetzte Minis

ab	auf
aus	da
her	hin

Wörter mit 2 Bausteinen	Wörter mit 3 Bausteinen
daher, dahin, herab, heraus	**dahinab, dahinauf**
herauf, hinab, hinauf, hinaus	**dahinaus**

Mit nur **6** Minis habe ich **11** weitere neue Wörter gefunden. Das sind beinahe doppelt so viele.

ein	her	da
aus	an	bei
hin	vor	der

② Mini - Rallye

In diesem Baukasten befinden sich 9 Minis, mit denen du weitere wichtige Wörter mit zwei, drei und sogar vier Bausteinen bilden kannst. Wie viele findest du? Schreibe sie zuerst auf deinen Block und ordne sie dann unten entsprechend ein.

Zusammengesetzte Minis mit

2 Bausteinen			3 Bausteinen	4 Bausteinen
dabei	**hervor**	**vorbei**	**einander**	**auseinander**
davor	**herein**	**voraus**	**dahinaus**	**voreinander**
daher	**hinein**	**anbei**	**dahinein**	**beieinander**
dahin	**hinaus**	**beider**		**aneinander**
heran	**voran**	**einher**		
herbei	**vorher**			
heraus	**vorhin**			

Mit nur **9** Minis habe ich **26** weitere neue Wörter gefunden. Ist das nicht prima?
Ich habe nahezu dreimal so viele neue Wörter gefunden.

Diese zwei Baukastenbeispiele - besonders das letzte - zeigen ganz deutlich:
Mein Wortschatz kann enorm wachsen, wenn ich die von mir gewussten Wörter gut kombinieren kann. Diesen Sachverhalt kennst du von den Wortbausteinen her. Wenn man den **Wortstamm** kennt, kann man mit Anfangs- und Endbausteinen (z. B. Vor- und Nachsilben) viele neue Wörter finden.

③ Minis mit da-/dar-

Aller guten Dinge sind drei. Deshalb noch ein Beispiel, wie du gut kombinieren kannst.
Arbeite mit deiner Häufigkeitswörter-Liste. Wie viele zusammengesetzte Minis mit **da-/dar-** als ersten Wortbestandteil kannst du bilden?

da- dabei, **dadurch, dafür, dagegen, daher, dahin, dahinter, damals, damit, danach, daneben, davon, davor, dazu, dazwischen**

dar- daran, **darauf, daraus, darein, darin, darüber, darum, darunter**

Was kannst du feststellen? Wann heißt bei den zusammengesetzten Minis das 1. Wort **da-** und wann **dar-**?

- Wenn das 2. Wort mit einem **Konsonanten** beginnt, dann **da**.
- Wenn das 2. Wort mit einem **Vokal** beginnt, dann **dar**.

So viele zusammengesetzte Wörter mit da-/dar- habe ich gefunden: **23**.

RS Name: ____________________ Datum: ____________

Wörter mit doppeltem Mitlaut (VdM)

❶ Wörter gesucht

Finde jeweils noch drei Reimwörter dazu.

Hochwasserschutz
Teil einer Pflanze
Person im Kloster
Nadelbaum
Etwas hochheben
Lesehilfe
Siegen, der Beste sein
Teil des Gesichts (Mz)
Höheres Wesen
Brauchtum
Fest drücken
Hundegeräusch

❷ Wörterbastler

Finde mit den Wortteilen möglichst viele Wörter, wobei **nn**, **ss** oder **tt** immer dabei sein muss.

Ge ge	Rr	**a**	**nn**	e
		e	**ss**	en
	Ww	**i**	**tt**	er

Nomen: Rasse, ____________________

Verben: rennen, ____________________

andere Wörter: wenn, ____________________

❸ Welche kurz gesprochenen Vokale (V) und Doppelmitlaute (dM) fehlen? Folgende Buchstabengruppen sind einzusetzen:

amm - ann - app - eff - err - ill - inn - obb - opp - ott - udd - üll

P_____ing - tr_____en - z_____eln - Sp_____ - T_____or - Kn_____er
Pup_____e - Progr_____ - bes_____en - Gal_____ - Sp_____ung - H_____y

❹ Bei den folgenden Wörtern gibt es jeweils zwei Möglichkeiten. Die Buchstabengruppen im Balken helfen dir.

all - amm - ann - ell - iff - omm - onn - ott - üll - umm - utt - ütt

Qu_____e - Tr_____el - F_____er - T_____e - Gr_____ - sch_____eln
Qu_____e - Tr_____el - F_____er - T_____e - Gr_____ - sch_____eln

❺ Und nun wird es schwieriger. Findest du auch die Wörter, bei denen es vier oder einmal sogar acht Möglichkeiten (acht Verben) gibt?

ff, ll, ll, ll, ll, ss, tt, tt		mm, mm, mm, nn, nn, nn, nn, nn		ll, ll, mm, mm, mm, pp, pp, rr	
Sch_____en	f_____en	k_____en	d_____	st_____en	st_____en
sch_____en	f_____en	k_____en	d_____	st_____en	st_____en
sch_____en	f_____en	k_____en	d_____	st_____en	st_____en
sch_____en	f_____en	k_____en	d_____	st_____en	st_____en

Ich verdopple nach einem kurz gesprochenem Vokal, wenn nur ein hörbarer Mitlaut folgt (VdM).

RS	Name:	Datum:

Wörter mit doppeltem Mitlaut (VdM)

❶ Wörter gesucht

Finde jeweils noch drei Reimwörter dazu.

Umschreibung	Wort (Rätsel)	Reimwort 1	Reimwort 2	Reimwort 3
Hochwasserschutz	D A M M	**Lamm**	**Kamm**	**Stamm**
Teil einer Pflanze	K N O L L E	**Wolle**	**Kontrolle**	**Rolle**
Person im Kloster	N O N N E	**Sonne**	**Tonne**	**Kolonne**
Nadelbaum	T A N N E	**Kanne**	**Pfanne**	**Wanne**
Etwas hochheben	S T E M M E N	**hemmen**	**schlemmen**	**klemmen**
Lesehilfe	B R I L L E	**Grille**	**Pille**	**Stille**
Sieger	G E W I N N E N	**besinnen**	**beginnen**	**rinnen**
Teil des Gesichts (Mz)	L I P P E N	**Rippen**	**Klippen**	**Kippen**
Höheres Wesen	G O T T	**flott**	**Kompott**	**Spott**
Brauchtum	S I T T E	**Mitte**	**Bitte**	**Schritte**
Fest drücken	P R E S S E N	**essen**	**vergessen**	**messen**
Hundegeräusch	K N U R R E N	**murren**	**schnurren**	**gurren**

❷ Wörterbastler

Finde mit den Wortteilen möglichst viele Wörter, wobei **nn**, **ss** oder **tt** immer dabei sein muss.

Ge, ge | Rr, Ww | a, e, i | nn, ss, tt | e, en, er

Nomen: Rasse, **Ratte, Riss, Rinne, Watt, Watte, Wetter, Wette, Wasser, Wissen, Gewissen, Gewitter, Retter**

Verben: rennen, **retten, rinnen, gerinnen, geritten, gerissen, wetten, wissen, gewinnen**

andere Wörter: wenn, **wann, wessen, innen, gewiss**

❸ Welche kurz gesprochenen Vokale (V) und Doppelmitlaute (dM) fehlen? Folgende Buchstabengruppen sind einzusetzen:

amm - ann - app - eff - err - ill - inn - obb - opp - ott - udd - üll

P**udd**ing - tr**eff**en - z**app**eln - Sp**ott** - T**err**or - Kn**üll**er

Pup**ill**e - Progr**amm** - bes**inn**en - Gal**opp** - Sp**ann**ung - H**obb**y

❹ Bei den folgenden Wörtern gibt es jeweils zwei Möglichkeiten. Die Buchstabengruppen im Balken helfen dir.

all - amm - ann - ell - iff - omm - onn - ott - üll - umm - utt - ütt

Qu**ell**e - Tr**omm**el - F**utt**er - T**ann**e - Gr**amm** - sch**umm**eln

Qu**all**e - Tr**ott**el - F**üll**er - T**onn**e - Gr**iff** - sch**ütt**eln

❺ Und nun wird es schwieriger. Findest du auch die Wörter, bei denen es vier oder einmal sogar acht Möglichkeiten (acht Verben) gibt?

ff, ll, ll, ll, ll, ss, tt, tt		mm, mm, mm, nn, nn, nn, nn, nn		ll, ll, mm, mm, mm, pp, pp, rr	
Sch**att**en	f**all**en	k**ämm**en	d**ann**	st**imm**en	st**ill**en
sch**ütt**en	f**äll**en	k**enn**en	d**enn**	st**amm**en	st**ell**en
sch**aff**en	f**üll**en	k**önn**en	d**ünn**	st**emm**en	st**opp**en
sch**all**en	f**ass**en	k**omm**en	d**umm**	st**arr**en	st**epp**en

Ich verdopple nach einem kurz gesprochenem Vokal, wenn nur ein hörbarer Mitlaut folgt (VdM).

RS Name: ______________________ Datum: ______________

Wörter mit doppeltem Mitlaut (VdM)

Wenn **nach** einem kurz gesprochenem Vokal nur **ein** Mitlaut hörbar ist, dann wird dieser **verdoppelt**.

1. Überlegung: Vokal kurz gesprochen? — nein → Nach V folgt meist nur ein Mitlaut. → Beispiele: Met_er, Käfig, raten, Ferien, Natur, Hase

ja ↓

2. Überlegung: Folgt nur ein Mitlaut? — nein → Es folgen zwei oder mehr verschiedene Mitlaute. → Beispiele: fertig, Angst, Strand, Arzt, Hemd

ja ↓

Mitlaut wird verdoppelt →

Ausnahmen:

Kurzwörter (Sparwörter)	Fremdwörter	
	VM (nur ein Mitlaut)	VdM (kein kurzer Vokal)
ab, in, an, an, bin,	Vb: Klub, Mob	Effekt, Kaffee
bis, hin, man, mit,	Vl: Hotel,	Million, kontrollieren
ob, um, vom, von,	Vm: Kamera, Krimi	nummerieren
zum	Vn: Mini, Ananas	korrekt, Karriere
	Vp: Pop, Chip, Clip	passieren, Kassette
	Vt: fit, Jet, City	Batterie, Lotterie

ff	ll	mm	nn	pp	ss	tt
				rr		
bb	dd	gg				

kurzer Vokal vor doppeltem Mitlaut

VdM Wörter mit doppeltem Mitlaut* VdM

ff

- schlaff
- straff
- Affe
- Waffe
- Giraffe
- gaffen
- paffen
- raffen
- schaffen
- schlaff
- straff
- klaffen
- Neffe
- Pfeffer
- treffen
- Begriff
- Griff
- Kniff
- Pfiff
- Riff
- Schiff
- Schliff
- Koffer
- schroff
- Stoff
- Zoff
- hoffen
- offen
- öffnen
- Auspuff
- Bluff
- muffig
- Büffel
- Rüffel
- schnüffeln
- Suff
- Trüffel

dd

- Paddel
- paddeln
- Teddy
- buddeln
- knuddeln
- Pudding

ll

- Ball
- ballen
- Fall
- fallen
- Halle
- Hall
- hallen
- Knall
- knallen
- Metall
- Schall
- schallen
- Stall
- wallen
- aktuell
- bellen
- Fell
- finanziell
- grell
- hell
- reell
- schnell
- Delle
- Quelle
- Welle
- bellen
- stellen
- Keller
- Teller
- still
- Brille
- Wille
- billigen
- billig
- killen
- Soll
- Rolle
- sollen
- wollen
- rollen
- zollen
- bullig
- trollig
- Müll
- Fülle
- Hülle
- füllen
- hüllen

mm

- Damm
- Gramm
- Kamm
- Programm
- Stamm
- dämmen
- kämmen
- Hammer
- Jammer
- Kammer
- Klammer
- hemmen
- klemmen
- schlemmen
- bimmeln
- Dimmer
- schlimm
- Stimme
- Himmel
- Schimmel
- glimmen
- schwimmen
- stimmen
- trimmen
- immer
- Schimmer
- Zimmer
- wimmern
- zimmern
- fromm
- kommen
- Sommer
- Bummerang
- dumm
- krumm
- stumm
- Summe
- Fummel
- Hummel
- Rummel
- pummelig

gg

- Bagger
- Flagge
- Waggon
- Roggen

nn

- Bann
- Mann
- Kanne
- Panne
- Pfanne
- Tanne
- Wanne
- Spannung
- Antenne
- Henne
- brennen
- flennen
- kennen
- nennen
- pennen
- rennen
- trennen
- beginnen
- gewinnen
- Kinn
- Sinn
- Minne
- Rinne
- Spinne
- Kolonne
- Nonne
- Sonne
- sonnen
- Tonne
- Wonne
- gönnen
- können
- Donner
- dünn

bb

- knabbern
- sabbern
- plabbern
- bibbern
- mobben
- Mobbing
- Robbe
- Ebbe
- Hobby
- Lobby

pp

- knapp
- Mappe
- Kappe
- klappen
- Lappen
- schnappen
- Schnäppchen
- Treppe
- schleppen
- Tipp
- tippen
- Grippe
- Lippe
- Sippe
- Wippe
- stoppen
- topp
- Doppel
- doppelt
- Gruppe
- Suppe
- Truppe
- ruppig

rr

- Narr
- beharren
- Pfarrer
- Herr
- herrlich
- Sperre
- sperren
- zerren
- Terrasse
- Horror
- Terror
- schnorren
- verworren
- Geschirr
- wirr
- flirren
- irren
- klirren
- knurren
- murren
- surren
- zurren

ss

- blass
- Fass
- Hass
- nass
- Pass
- Gasse
- Kasse
- Klasse
- Masse
- Tasse
- Blässe
- Nässe
- fassen
- lassen
- passen
- Wasser
- Prozess
- Stress
- Interesse
- Messe
- Presse
- Fessel
- Kessel
- Sessel
- essen
- fressen
- messen
- vergessen
- besser
- Messer
- Biss(en)
- gewiss
- Riss
- hissen
- Kissen
- wissen
- bisschen
- Ross
- Schloss
- Fluss
- Kuss
- Nuss
- Schluss
- Schuss
- Schlüssel
- Schüssel
- küssen
- müssen

tt

- Blatt
- glatt
- satt
- Schatten
- Ballett
- Bett
- Brett
- Büffett
- Duett
- Fett
- Kabarett
- Kabinett
- komplett
- Parkett
- Quartett
- Skelett
- violett
- Kassette
- Kette
- Klette
- Operette
- Pinzette
- Plakette
- Serviette
- Toilette
- Zigarette
- retten
- wetten
- klettern
- schmettern
- Konfetti
- Spaghetti
- Kitt
- Ritt
- Schnitt
- Splitt
- Tritt
- flott
- Komplott
- Kompott
- Schrott
- Trott
- Grotte
- Motte
- Schutt
- Hütte
- rütteln
- schütten

* Wörter sind jeweils nach Reimwörtern (gleiche Schwierigkeit) geordnet.

RS Name: ______________________ Datum: ______________

Wörter mit ck und tz

❶ Kannst du die Wörter entschlüsseln?

Spitze trocken Schnecke nützen

verpacken Besitz Schrecken Platz

zuletzt entwickeln Verletzung Blick

ck	tz

❷ Findest du die Wörter?

Verschluss, Aufsatz auf einen Topf
Handarbeit mit Wolle
Geschriebenes Recht
Gegenteil von nass
Teil des Körpers
Verkauf, Absatz
Gipfelpunkt
Versandfertig machen
Gegenteil von zuerst
Jagen, sich beeilen

Oft helfen verwandte Wörter, um ein Wort richtig schreiben zu können.

❸ Reimwörter. Fettgedruckte Kleinbuchstaben stehen am Wortanfang.

b c h l **n s s t**	F **p s w**	F G **h** l l S	B l R S W	c h L l P p S S
stricken	hetzen	trocken	Spitze	Umsatz

❹ Silbenbaukasten

Wähle so viele ck- und tz-Wörter aus, damit du den Silbenbaukasten ganz füllen kannst. Schreibe die Silben zuerst auf deinen Block und ordne sie vor dem Eintrag alphabetisch.

Notiere alphabetisch die Wörter, die du verwendet hast.

❺ Brückenwörter

			Brückenwort = Grundwort	Brückenwort = Bestimmungswort
Grund		Buch		
rund		Winkel		
Spiel		Mangel		
Messer		Lage		

ck und **tz** stehen immer nach einem **kurz** gesprochenen Vokal (S̥ / U̥).

RS	Name:	Datum:

Wörter mit ck und tz

❶ Kannst du die Wörter entschlüsseln?

Spitze trocken Schnecke nützen

verpacken Besitz Schrecken Platz

zuletzt entwickeln Verletzung Blick

ck	tz
Blick	**Besitz**
entwickeln	**nützen**
Schnecke	**Platz**
Schrecken	**Spitze**
trocken	**Verletzung**
verpacken	**zuletzt**

❷ Findest du die Wörter?

Oft helfen verwandte Wörter, um ein Wort richtig schreiben zu können.

Verschluss, Aufsatz auf einen Topf	D E C K E L	**Decke, decken**
Handarbeit mit Wolle	S T R I C K E N	**Strick, Stricknadel**
Geschriebenes Recht	G E S E T Z	**setzen**
Gegenteil von nass	T R O C K E N	**trocknen, Trockenheit**
Teil des Körpers	R Ü C K E N	**rücken, rückwärts**
Verkauf, Absatz	U M S A T Z	**Satz, Aufsatz, Vorsatz**
Gipfelpunkt	S P I T Z E	**spitz, spitzen**
Versandfertig machen	V E R P A C K E N	**packen, Packung**
Gegenteil von zuerst	Z U L E T Z T	**letzte, letzter**
Jagen, sich beeilen	H E T Z E N	**Hetze**

❸ Reimwörter. Fettgedruckte Kleinbuchstaben stehen am Wortanfang.

b c h **l n s s** t	F **p s w**	F G **h** l l S	B l R S W	c h L l P p S S
stricken	hetzen	trocken	Spitze	Umsatz
blicken	**setzen**	**hocken**	**Blitze**	**Schatz**
schicken	**petzen**	**Socken**	**Ritze**	**Spatz**
sticken	**wetzen**	**Glocken**	**Witze**	**Platz**
nicken	**Fetzen**	**Flocken**	**Sitze**	**Latz**

❹ Silbenbaukasten

Wähle so viele ck- und tz-Wörter aus, damit du den Silbenbaukasten ganz füllen kannst. Schreibe die Silben zuerst auf deinen Block und ordne sie vor dem Eintrag alphabetisch.

ckel	**cken**	**cken**	**cken**	**De**
Ge	**het**	**letzt**	**Rit**	**Rü**
satz	**setz**	**Spit**	**stri**	**tro**
Um	**ze**	**ze**	**zen**	**zu**

Notiere alphabetisch die Wörter, die du verwendet hast.

Deckel	**Spitze**
Gesetz	**stricken**
hetzen	**trocken**
Ritze	**Umsatz**
Rücken	**zuletzt**

❺ Brückenwörter

			Brückenwort = Grundwort	Brückenwort = Bestimmungswort
Grund	**Gesetz**	Buch	**Grundgesetz**	**Gesetzbuch**
rund	**Blick**	Winkel	**Rundblick**	**Blickwinkel**
Spiel	**Platz**	Mangel	**Spielplatz**	**Platzmangel**
Messer	**Rücken**	Lage	**Messerrücken**	**Rückenlage**

ck und **tz** stehen immer nach einem **kurz** gesprochenen Vokal (Ṣ / Ụ).

RS Name: ______________________ Datum: ______________________

Wörter mit ck (statt kk) und tz (statt zz)

Wenn **nach** einem kurz gesprochenem Vokal nur ein **k** oder **z** hörbar ist, dann schreibt man **ck** oder **tz**.

1. Überlegung: Vokal kurz gesprochen? – nein → Nach S, U oder DL nur **k** oder **z** möglich. →

k: Paket, Pauke, Haken, Küken

z: Dezember, Geiz, Kreuz, heizen

ja ↓

2. Überlegung: Nur k oder z hörbar? – nein → Noch weiterer Mitlaut (z. B. l, n, r) hörbar? ➪ dann nur **k** oder **z**. →

lk / lz: Wolke, Salz, welk, Pilze, schmelzen, falzen, Volk

nk/nz: Bank, winzig, ganz, denken, schlank, Wanze, Ranzen

rk / rz: kurz, wirken, Werk, schwarz, Sturz, Nerz, stark, Orkan

ja ↓

➪ dann **ck** oder **tz** – Ausnahmen →

Fremdwörter

Vk: Produkt, Projekt, Konflikt

Vz: Ozon, La Paz, Lazulith

kk: Akku, Akkord, Mokka, Sakko

zz: Skizze, Pizza, Razzia, Jazz

↓

Wörter mit ck

ack/äck	eck	ick	ock/öck	uck/ück

Wörter mit tz

atz / ätz	etz	itz	otz/ötz	utz/ütz

Vck Wörter mit ck oder tz* Vtz

ack/äck

Frack
Geschmack
Lack
Sack
strack
Wrack
Backe
Hacke
Jacke
Zacke
Dackel
Fackel
backen
entschlacken
hacken
knacken
Nacken
packen
verpacken
zwacken
Acker
Hacker
Knacker
wacker

eck

Besteck
Deck
Dreck
Eck(e)
Fleck
Heck
keck
Leck
Reck
Scheck
Schreck(en)
Speck
Versteck
Zweck
Decke
decken
Ecke
Hecke
Schnecke
Zecke
Becken
decken
entdecken
Flecken

eck

lecken
necken
schlecken
schmecken
Schrecken
stecken
strecken
wecken
Entdecker
Feinschmecker
Gemecker
lecker
Stecker
Trecker
Wecker
kleckern
meckern
schleckern

ick

Blick
dick
Genick
Geschick
Knick
schick
Schlick
Strick
Tick
Trick
Nickel
Pickel
Wickel
blicken
flicken
kicken
klicken
nicken
picken
schicken
sticken
stricken
ticken
zwicken
Kicker
Klicker
Spicker
Sticker

ock/öck

Block
Bock
Dock
Pflock
Rock
Schock
Stock
Flocke
Glocke
Hocke
Locke
Socke
Gockel
Sockel
blocken
bocken
Brocken
docken
hocken
locken
schocken
stocken
trocken
zocken
Hocker
locker
ocker
Rocker
Zocker

uck/ück

Druck
Puck
Ruck
Schluck
Schmuck
Stuck
Glück
Stück
zurück
drucken
ducken
gucken
jucken
rucken
schlucken
spucken
zucken
bücken
drücken
glücken
pflücken
rücken
Rücken
schmücken
zücken
Drucker
Schlucker
Zucker

atz/ätz

Fratz
Latz
Platz
Rabatz
Satz
Schatz
Schmatz
Spatz
Fratze
Glatze
Katze
Matratze
Tatze
Batzen
kratzen
patzen
platzen
schmatzen
schwatzen
schätzen
schwätzen

etz

Gesetz
Netz
Steinmetz
Fetzen
fetzen
hetzen
petzen
setzen
verletzen
vernetzen
wetzen
Hetzer
Ketzer
Petzer
Setzer
jetzt
letzte
letztens
zuletzt

itz

Besitz
Blitz
Kitz
Lakritz
Schlitz
Sitz
sitzen
spitz
Witz
Spitze
Hitze
Ritze
Spritze
Zitze
kitzeln
kritzeln
spitzeln

itz

witzeln
blitzen
flitzen
ritzen
schlitzen
schnitzen
schwitzen
spitzen
spritzen
Besitzer
Flitzer
Schnitzer
Spritzer

otz/ötz

Klotz
Protz
Rotz
Trotz
trotz
trotzdem
glotzen
kotzen
motzen
protzen
rotzen
strotzen
trotzen

utz/ütz

Putz
Schmutz
Schutz
Grütze
Mütze
Pfütze
Schütze
Stütze
nutzen
putzen
schmutzen
Stutzen
stutzen
verdutzen
nützen
schützen
stützen

* Wörter sind jeweils nach Reimwörtern (gleiche Schwierigkeit) geordnet.

Wörter mit ie (i ➪ ie)

❶ Wörterversteck

Du findest die Wörter von links nach rechts (→) und umkehrt (←) und von oben nach unten (↓) und umgekehrt (↑).

Wie viele ie-Wörter findest du? Ein Wort bleibt übrig. Ändere an diesem Wort nur einen Buchstaben.

Das ist dann einfach ☐☐☐☐☐☐

G	E	B	I	E	T	B	E	I	D	F
L	S	L	F	L	I	E	G	E	N	E
I	P	E	B	E	I	R	T	E	B	I
E	I	I	W	I	E	G	E	N	V	T
F	E	T	R	I	S	S	I	G	I	M
E	G	S	N	E	L	E	I	Z	E	I
R	E	N	I	E	M	A	N	D	R	E
N	L	K	A	P	I	E	R	E	N	T
T	H	C	I	E	L	L	E	I	V	E

❷ Tore schießen

Wie viele ie-Wörter findest du mit neun Buchstaben (mehrfach verwendbar) um das **„ie"** herum? Trage sie in die Tabelle ein. Jedes gefundene Wort ist ein Tor. Schaffst du 10, 20 oder gar 30 Tore?

Kurzwörter	Nomen	Verben	Adjektive

Das lang gesprochene i wird meist mit **ie** geschrieben.

Wörter mit ä und äu

❶ Wörter gesucht

Peinigen, misshandeln
Teil einer Pflanze
Person einer Ballett-Truppe
Größere Orte
Umgestalten, wechseln
Reinigung
Gegenteil zu Schuldner
Verstimmt sein, sich ...
Viel, oft
Sich in der Sonne...
Kleines Paket
Unsinnig, albern
Denkaufgabe

Finde jeweils zwei verwandte a- oder au-Wörter dazu.

❷ Wortfamilie: Finde zu jedem **ä-** oder **äu-Wort** noch zwei verwandte **a-** oder **au-Wörter**.

	Verwandte Wörter mit **a**			Verwandte Wörter mit **au**
Erklärung			veräußern	
hält			Gebäude	
hängen			säubern	
Lärm			verkäuflich	

Denke nach und sei ganz schlau, schreibe nur **ä** und **äu**, wenn **a** und **au**.

Wörter mit ie (i̲ ➪ ie)

❶ Wörterversteck

Du findest die Wörter von links nach rechts (→) und umkehrt (←) und von oben nach unten (↓) und umgekehrt (↑).

Wie viele ie-Wörter findest du? Ein Wort bleibt übrig. Ändere an diesem Wort nur einen Buchstaben.

Das ist dann einfach

R	I	E	S	I	G

G	E	B	I	E	T	B	E	I	D	F
L	S	L	F	L	I	E	G	E	N	E
I	P	E	B	E	I	R	T	E	B	I
E	I	I	W	I	E	G	E	N	V	T
F	E	T	R	I	S	S	I	G	I	M
E	G	S	N	E	L	E	I	Z	E	I
R	E	N	I	E	M	A	N	D	R	E
N	L	K	A	P	I	E	R	E	N	T
T	H	C	I	E	L	L	E	I	V	E

Betrieb	**Stiel**
Dieb	**tief**
fliegen	**vielleicht**
Gebiet	**vier**
kapieren	**wiegen**
liefern	**zielen**
Miete	
niemand	
Spiegel	

❷ Tore schießen

Wie viele ie-Wörter findest du mit neun Buchstaben (mehrfach verwendbar) um das „**ie**" herum? Trage sie in die Tabelle ein. Jedes gefundene Wort ist ein Tor. Schaffst du 10, 20 oder gar 30 Tore?

Kurzwörter		Nomen			Verben		Adjektive
sie	**nieder**	**Sieg**	**Riese**	**Bier**	**wiegen**	**liegen**	**lieb**
nie	**dies**	**Sieger**	**Wiege**	**Biene**	**siegen**	**sieden**	**bieder**
die	**diese**	**Riege**	**Wiener**	**Lied**	**niesen**	**sieben**	**lieber**
wie	**dieser**	**Gier**	**Wiese**	**Glied**	**dienen**	**blieben**	
wieder		**Wien**	**Dieb**	**Liege**	**regieren**	**rieben**	

Das lang gesprochene i̲ wird meist mit **ie** geschrieben.

Wörter mit ä und äu

❶ Wörter gesucht

Finde jeweils zwei verwandte a- oder au-Wörter dazu.

Peinigen, misshandeln	Q U Ä L E N	**Qual, qualvoll**
Teil einer Pflanze	S T Ä N G E L	**Stange, Bohnenstange**
Person einer Ballett-Truppe	T Ä N Z E R	**Tanz, tanzen**
Größere Orte	S T Ä D T E	**Stadt, Hauptstadt**
Umgestalten, wechseln	Ä N D E R N	**anders, anderer**
Reinigung	S Ä U B E R U N G	**sauber, Sauberkeit**
Gegenteil zu Schuldner	G L Ä U B I G E R	**glauben, Glaube**
Verstimmt sein, sich ...	Ä R G E R N	**arg, arglos**
Viel, oft	H Ä U F I G	**Haufen, haufenweise**
Sich in der Sonne...	B R Ä U N E N	**braun, hellbraun**
Kleines Paket	P Ä C K C H E N	**packen, verpacken**
Unsinnig, albern	L Ä C H E R L I C H	**lachen, anlachen**
Denkaufgabe	R Ä T S E L	**raten, beraten**

❷ Wortfamilie: Finde zu jedem **ä-** oder **äu-Wort** noch zwei verwandte **a-** oder **au-Wörter**.

	Verwandte Wörter mit **a**			Verwandte Wörter mit **au**	
Erklärung	**Klarheit**	**klar**	veräußern	**außer**	**außerhalb**
hält	**halten**	**anhalten**	Gebäude	**bauen**	**gebaut**
hängen	**Hang**	**Aushang**	säubern	**sauber**	**Sauberkeit**
Lärm	**Alarm**	**alarmieren**	verkäuflich	**kaufen**	**Verkauf**

Denke nach und sei ganz schlau, schreibe nur **ä** und **äu**, wenn **a** und **au**.

RS Name: ____________________ Datum: ____________________

Wörter mit ie

i lang gesprochen? → nein → Es folgen mindestens zwei Mitlaute. → Beispiele:
blind, Brille, impfen, Fichte, Blitz, Mitte, links, blicken, Pilz

ja ↓

meist **ie** →

Ausnahmen: Wörter mit **i**, **ih** und **ieh**			
Fremdwörter nur mit i		nur i	ih/ieh
Bibel, Familie, Fibel,	-ik: Kritik	dir	ihm, ihn, ihr
Igel, Kilo, Kino, Krise,	-il: stabil	mit	fliehen
Linie, Liter, Mikrofon,	-in: Benzin	wir	Vieh
minus, Minute, Polizei,	-ine: Maschine	wider	ziehen
Risiko, Tiger, Zitrone	-it: Kredit	widrig	siehst, sieht
	-iv: positiv	erwidern	es geschieht
	-iz: Notiz		

Wörter mit ie

Wörter mit ä und äu

Gibt es ein verwandtes Wort mit **a** oder **au**? → nein →

Merkwörter mit **ä** oder **äu** (kein verwandtes Wort mit **a** oder **au**)	
ä:	Bär, fähig, Gerät, Käfer, Käfig, Mädchen, März, prägen, Prämie, Säge, schräg, spät, Träne
äu:	Säule, sich sträuben
-tät: [↑] (NS bei FW)	Realität, Aktivität, Qualität, Mentalität, Mobilität, Quantität, Universität
prä-: [↑] (VS bei FW)	Präposition, präparieren, Prädikat, Präsident, Präparat, präsentieren

ja ↓

Ich schreibe dann **ä** oder **äu**.

→ **Wörter mit ä** (ä)(a) → **Wörter mit äu** (äu)(au)

Setze jeweils ein verwandtes a-Wort in Klammern. | Setze jeweils ein verwandtes au-Wort in Klammern.

ärgern (arg)		äußern (außen)	

Wörter mit ie

Betrieb	Frieden	Fliege	siegen	ziemen	Paradies	gießen
Dieb	schmieden	Liege	wiegen	dienen	Fließ	schießen
Hieb	sieden	Riege	Anlieger	verdienen	Grieß	schließen
lieb	bieder	Stiege	Flieger	Diener	Spieß	spießen
Sieb	Flieder	Wiege	Krieger	Verdiener	Fliese	sprießen
Trieb	Gefieder	Ziege	Sieger	Bier Gier	Friese	Nutznießer
Giebel	Mieder	Riegel	fliehen	hier	Riese	Spießer
Zwiebel	nieder	Siegel	ziehen	Klavier	Wiese	schließlich
lieben	wieder	Spiegel	fiel	Kurier	Diesel	Biester
schieben	Brief	Tiegel	Kiel	Neugier	Kiesel	Priester
Fieber	schief	Ziegel	Spiel	Papier	Wiesel	Miete
Schieber	tief	aufwiegeln	Stiel	Revier	dieseln	Niete
kriechen	Kiefer	riegeln	viel	schier	grieseln	bieten
riechen	Schiefer	siegeln	Ziel	Stier	nieseln	mieten
siechen	Ungeziefer	spiegeln	schielen	Tier	rieseln	nieten
Abschied	liefern	biegen	spielen	vier	niesen	
Glied	Abstieg	fliegen	zielen	dies	diesig	
Lied	Aufstieg	kriegen	Kiemen	fies	riesig	
Schmied	Krieg	liegen	Riemen	Kies	fließen	
Unterschied	Sieg	schmiegen	Striemen	mies	genießen	

Wörter mit ä / äu

Wörter mit **ä**			Wörter mit **äu**	
ärgern (arg)	hält (halten)	Pässe (Pass)	äußern (außen)	läuten (laut)
ändern (anders)	hängen (Hang)	Plätze (Platz)	blauäugig (Auge)	Mäuse (Maus)
Ängste (Angst)	härter (hart)	quälen (Qual)	Bäuche (Bauch)	Räuber (rauben)
ärmer (arm)	hässlich (Hass)	Räder (Rad)	Bäuerin (Bauer)	räuchern (Rauch)
Ärmel (Arm)	jährlich (Jahr)	Rätsel (raten)	Bäume (Baum)	räumen (Raum)
Äste (Ast)	Kämme (Kamm)	Sätze (Satz)	Bräuche (Brauch)	säubern (sauber)
Bäche (Bach)	Kätzchen (Katze)	schläft (schlafen)	Bräune (braun)	säuerlich (sauer)
Bäcker (backen)	kräftig (Kraft)	Späße (Spaß)	Bräutigam (Braut)	Säufer (saufen)
Bälle (Ball)	kränker (krank)	Städte (Stadt)	Fäulnis (faul)	Säugetier (saugen)
Bänke (Bank)	lächerlich (lachen)	Stämme (Stamm)	Fäuste (Faust)	schnäuzen (Schnauze)
fährt (fahren)	Länder (Land)	Stängel (Stange)	Fräulein (Frau)	Sträucher (Strauch)
fällt, fällig (fallen)	länger (lang)	Stärke (stark)	Gäule (Gaul)	Sträuße (Strauß)
Fälschung (falsch)	Lärm (Alarm)	Strände (Strand)	Gebäude (bauen)	Täufer (taufen)
färben (Farbe)	lässt (lassen)	Täler (Tal)	gläubig (glauben)	täuschen (Tausch)
Fläche (flach)	Mächte (Macht)	Tänzer (Tanz)	Gräuel (grauen)	träufeln (Traufe)
Gärten (Garten)	Männer (Mann)	Väter (Vater)	häufig (Haufen)	träumen (Traum)
Gäste (Gast)	Märkte (Markt)	wählen (Wahl)	häuslich (Haus)	einzäunen (Zaun)
gefährlich (Gefahr)	Nächte (Nacht)	Wälder (Wald)	Häute (Haut)	zäumen (Zaum)
Gefängnis (fangen)	Nähe (nah)	Wände (Wand)	Käufer (kaufen)	
Gespräch (Sprache)	Näschen (Nase)	Wärme (warm)	käuflich (kaufen)	
Gläser (Glas)	Nässe (nass)	zähmen (zahm)	Kräuter (Kraut)	
Hälse (Hals)	Päckchen (packen)	Zähne (Zahn)	läuft (laufen)	

So findest du oft am schnellsten ein **verwandtes** Wort mit **a** oder **au**:

1. Nomen: Setze das Mehrzahlwort in die Einzahl, z. B. Äpfel → Apfel, Häuser → Haus.
2. Verben: Setze das gebeugte Verb in die Grundform, z. B. fährst → fahren, läufst → laufen.
3. Adjektive: Setze das gesteigerte Adjektiv in die Grundform, z. B. kränker → krank, stärker → stark.

Für alle Wortarten: Suche das Stammwort, z. B. zählen → Zahl, Gebäude → Bau, bauen.

RS	Name: ______________________	Datum: ______________	

Die weichen Mitlaute b, d, g und das h am Wortende

Bei den Wörtern *Laub*, *Hund* und *Berg* hört man am Wortende ein p, t und k, geschrieben wird aber b, d und g. Bei den Wörtern *Reh* und *froh* hört man gar nichts, geschrieben wird aber ein h.

Trage die Wörter aus dem Kästchen in die entsprechende Spalte ein.

fliegen - lieb - wilder - rund - Länder - gehst - rauben - früh - Raub - bilden - fliegst - Schuh - Tage - gedreht - Land - genug - Tag - lieben - drehen - Schuhe - Runde - wild - gehen - früher - genügen

b, d, g nicht deutlich und das h überhaupt nicht hörbar	b, d, g und das h deutlicher hörbar
lieb,	fliegen,

Wodurch wird erreicht, dass in der Spalte rechts das b, d, g und das h deutlicher hörbar ist?

____

____

____

Durch das nachfolgende **e** wird b / d / g / h zu b**e** / d**e** / g**e** / h**e** und dadurch beim silbenweisen Sprechen besser hörbar.

Deshalb werden auch beim Alphabet die Mitlaute mit einem Selbstlaut buchstabiert, um sie deutlicher hören zu können: a - be - ce - de - e - ef - ge - ha - ...
Bei Wörtern mit Nachsilben, z. B. freundlich, Feindschaft, genügsam und zusammengesetzten Wörtern, z. B. Geldschein, Wegkreuz, halbvoll muss ich zuerst die Nachsilbe abtrennen (freund|lich) oder die Wörter trennen (Geld|schein), um verlängern zu können.

Suche zu den Wörtern im Kästchen ein verlängertes oder verwandtes Wort mit be, de, ge oder he und trage es entsprechend in die Tabelle ein.

blond - Geweih - verlobt - tausend - abgesagt - Leib - Geduld - ewig - Augenlid - einlädst - Stroh - derb - Vertrag - gedreht - Freundschaft - Bescheid - genäht - fremd - betriebsam - roh

So kann ich das b, d, g und das h besser hörbar machen.

Ich setze das Nomen in die Mehrzahl. (M)	Ich setze das gebeugte Verb in die Grundform. (Gf)	Ich steigere oder verlängere das Adjektiv mit einem Nomen.	Ich suche ein verwandtes Wort.

RS	Name:	Datum:

Die weichen Mitlaute b, d, g und das h am Wortende

Bei den Wörtern *Laub*, *Hund* und *Berg* hört man am Wortende ein p, t und k, geschrieben wird aber b, d und g. Bei den Wörtern *Reh* und *froh* hört man gar nichts, geschrieben wird aber ein h.

Trage die Wörter aus dem Kästchen in die entsprechende Spalte ein.

fliegen - lieb - wilder - rund - Länder - gehst - rauben - früh - Raub - bilden - fliegst - Schuh - Tage - gedreht - Land - genug - Tag - lieben - drehen - Schuhe - Runde - wild - gehen - früher - genügen

b, d, g nicht deutlich und das h überhaupt nicht hörbar	b, d, g und das h deutlicher hörbar
lieb, **rund, gehst, früh, Raub, Tag, wild,**	fliegen, **wilder, Länder, bilden, Tage, lieben,**
fliegst, Schuh, gedreht, Land, genug	**drehen, Schuhe, Runde, gehen, rauben,**
	früher, genügen

Wodurch wird erreicht, dass in der Spalte rechts das b, d, g und das h deutlicher hörbar ist?

Die Wörter sind so verlängert, dass den Mitlauten b, d, g und h jeweils der Selbstlaut e folgt. Dadurch entsteht eine neue Silbe. Beim silbenweisen Mitsprechen kann man dann das b, d, g und h am Anfang der Silbe mit dem folgenden e deutlicher hören.

Durch das nachfolgende **e** wird b, d, g, h zu b**e**, d**e**, g**e**, h**e** und dadurch beim silbenweisen Sprechen besser hörbar.

Deshalb werden auch beim Alphabet die Mitlaute mit einem Selbstlaut buchstabiert, um sie deutlicher hören zu können: a - be - ce - de - e - ef - ge - ha - ...
Bei Wörtern mit Nachsilben, z. B. freundlich, Feindschaft, genügsam und zusammengesetzten Wörtern, z. B. Geldschein, Wegkreuz, halbvoll muss ich zuerst die Nachsilbe abtrennen (freund|lich) oder die Wörter trennen (Geld|schein), um verlängern zu können.

Suche zu den Wörtern im Kästchen ein verlängertes oder verwandtes Wort mit be, de, ge oder he und trage es entsprechend in die Tabelle ein.

blond - Geweih - verlobt - tausend - abgesagt - Leib - Geduld - ewig - Augenlid - einlädst - Stroh - derb - Vertrag - gedreht - Freundschaft - Bescheid - genäht - fremd - betriebsam - roh

So kann ich das b, d, g und das h besser hörbar machen.

Ich setze das Nomen in die Mehrzahl. (M)	Ich setze das gebeugte Verb in die Grundform. (Gf)	Ich steigere oder verlängere das Adjektiv mit einem Nomen.	Ich suche ein verwandtes Wort.
Geweihe	**loben**	**blonder**	**Tausender**
Leiber	**absagen**	**ewiges**	**dulden**
Augenlider	**einladen**	**derber**	**strohig**
Verträge	**drehen**	**roher**	**Freunde**
Bescheide	**nähen**	**fremder**	**Betriebe**

RS Name: ______________________________ Datum: ________________

Die weichen Mitlaute b, d, g und das h am Wortende

1. Überlegung: b, d, g, h am Wortende?
   - nein → Feststellung, dass weicher Mitlaut (b, d, g) oder harter Mitlaut (p, k, t) oder h nicht am Wortende stehen.
   - ja ↓

2. Überlegung: Kann ich das Wort verlängern?
   - nein → Feststellung, ob b, d, g, h am Wortende durch Verlängerung nicht möglich → Merkwörter:
     ab, ob, sind, und, während,
     seid, Jugend, Vieh
     ____
   - ja ↓

Ich spreche auch deutlich sibenweise mit und höre nun das b, d, g oder h besser. → Fremdwörter:

-b-	-d-	-g-
Job	Jod	Gag, Smog
Mob	Trend	Grog
Klub	Boulevard	Hotdog

↓

Die weichen Mitlaute b, d, g und das h am Wortende

b	d			g	h

Bei gebeugten Verben kann man in der **Grundform** das **b**, **d**, **g** und **h** deutlicher hören. (Gf) + ◡◡
Beispiele: gibt - geben, lädst - laden, folgt - folgen, gehst - gehen

____

____

Bei abgeleiteten oder zusammengesetzten Wörtern muss man das Wort zuerst zerlegen, um verlängern zu können, z. B. die Nachsilbe abtrennen (folg|sam, lieb|lich) oder die Wörter trennen (Hand|tuch, Flug|hafen).

Gesund|heit - gesünder, ______________________________

Berg|kreuz - Berge, ______________________________

Die weichen Mitlaute b, d, g und das h am Wortende*

-b-

Grab
Stab

halb
Kalb

Laub
Raub
Staub
taub
Urlaub

Leib
Weib

gelb

derb
Erwerb
herb

Betrieb
Dieb
Hieb
lieb
schrieb
Sieb
Trieb

grob
hob
Lob

Korb

-d-

Bad
fad
Grad
Kamerad
Pfad
Rad

bald
Wald

Band
Brand
fand
Hand
jemand
Land
niemand
Pfand
Rand
Sand
Strand
Versand
Verstand
Wand

Bescheid
Eid
Kleid
Leid
Neid

Feind

-d-

Feld
Geld
Held

fremd
Hemd

Abend
Gegend
tausend

Herd
Pferd

Freund

Augenlid
frigid
Lid
liquid

Glied
Lied
Schmied
Unterschied

Bild
mild
Schild
wild

blind
geschwind
Kind
lind
Rind
Spind
Wind

-d-

Kleinod
kommod
Tod

blöd
öd, öde

Gold
hold
Kobold
Sold
Witzbold

blond
Mond

Geduld
Schuld

Bund
Fund
gesund
Grund
Hund
Mund
Pfund
profund
rund
Schlund
Schwund
wund

-g-

Belag
Betrag
lag
mag
Mittag
Schlag
Tag
vag, vage
vermag
Vertrag

arg
karg
Sarg
verbarg

Beleg
Steg
Weg

feig
Steig
Teig
Zweig

Berg
Zwerg

Zeug
Flugzeug

Dialog
flog
Herzog
Katalog
Sog
Trog

Betrug
Bug
Flug
genug
klug
Krug
Pflug
Unfug
Zug

-h-

nah
sah

Dreh
Fernweh
Reh

Gedeih
Geweih
Kirchweih
Verleih

Floh
froh
lichterloh
roh
Stroh (strohig)

Kuh
Schuh

* Wörter sind jeweils nach Reimwörtern (gleiche Schwierigkeit) geordnet.

RS Name: ______________________ Datum: ______________

Wörter mit Dehnungs-h

❶ Erkennst du die Wörter?

erzählen Fehler wohnen ______________________

Gefühl Verkehr geschieht ______________________

während Anführer ungefähr ______________________

❷ Wörter gesucht

Meist hilft ein verwandtes Wort zum richtigen Schreiben. Vielleicht findest du sogar zwei.

Risiko, Bedrohung ______________________

Teil des Mundes ______________________

Lustig, heiter ______________________

Ein Loch in der Wand ... ______________________

Steuerart ______________________

Material für eine Zaunart ______________________

Erfolg, Ansehen ______________________

Entscheiden, stimmen für ______________________

Etwas „klauen" ______________________

❸ Wörterbastler

Das Dehnungs-h steht meist vor l, m, n und r. Trage die Wörter in die entsprechenden Zeilen ein. Das h vor m ist seltener.

B b	**ah**	l	
F f	**eh**	m	en
L l	**oh**	n	er
M m	**uh**	r	
Z z			

hl: ______________________

____

hm: ______________________

hn: ______________________

____

hr: ______________________

____

____

❹ Reimwörter

Argw	B	empf	ent	f	H	H	h	K	K	k	M	M	S	St	verk	verm	verz	W	Z

belehren	Wahl	Lohn	Zahn	stehlen

❺ Wörterzauberer. Wechsle nur einen Buchstaben im Wort, um ein neues zu erhalten (zehn - Zahn).

fahren ________ ________ ________ Ruhm ________ ________ ________

fehlen ________ ________ ________ mehr ________ ________ ________

Spricht man **gedehnt** a, e, o, u, kommt manchmal noch ein **h** dazu.
Wenn du nicht genau weißt, ob ein Wort mit h geschrieben wird, denke an die Wortfamilie.
Gibt es ein verwandtes Wort dazu (z. B.: er fährt → fahren, Fahrer, Fahrrad)?

RS Name: ____________________ Datum: ____________________

Wörter mit Dehnungs-h

❶ Erkennst du die Wörter?

erzählen	Fehler	wohnen	**erzählen**	**Fehler**	**wohnen**
Gefühl	Verkehr	geschieht	**Gefühl**	**Verkehr**	**geschieht**
während	Anführer	ungefähr	**während**	**Anführer**	**ungefähr**

❷ Wörter gesucht

Meist hilft ein verwandtes Wort zum richtigen Schreiben. Vielleicht findest du sogar zwei.

Hinweis	Rätselwort	Verwandte Wörter
Risiko, Bedrohung	G E F A H R	**gefährlich, gefahrlos**
Teil des Mundes	Z A H N	**Zahnlücke, Zahnarzt**
Lustig, heiter	F R Ö H L I C H	**froh, Fröhlichkeit**
Ein Loch in die Wand ...	B O H R E N	**Bohrer, Bohrturm**
Steuerart	L O H N S T E U E R	**belohnen, löhnen**
Material für eine Zaunart	D R A H T	**Drahtzaun, drahtig**
Erfolg, Ansehen	R U H M	**rühmen, berühmt**
Entscheiden, stimmen für	W Ä H L E N	**Wahl, Wähler**
Etwas „klauen“	S T E H L E N	**gestohlen, Stehlerei**

❸ Wörterbastler

Das Dehnungs-h steht meist vor l, m, n und r. Trage die Wörter in die entsprechenden Zeilen ein. Das h vor m ist seltener.

B b | F f | L l | M m | Z z

ah | **eh** | **oh** | **uh**

l | m | n | r

en | er

hl: **Bohlen, buhlen, fahl, fehlen, Fehler, Fohlen, Mahl, mahlen, Mehl, Zahl, zahlen, Zahler**

hm: **lahm, lahmen, Lehm, Ohm, zahm**

hn: **ahnen, Bahn, bahnen, Bohnen, Fahnen, Lohn, lohnen, lehnen, mahnen, Mohn, Zahn, zahnen, zehn, Zehner**

hr: **bohren, Bohrer, ehren, fahren, Fahrer, Fuhren, lehren, Lehrer, Mohr, Ohr, Ohren, mehr, mehren, Uhr, Uhren, zehren**

❹ Reimwörter

Argw	B	empf	ent	f	H	H	h	K	K	k	M	M	S	St	verk	verm	verz	W	Z

belehren	Wahl	Lohn	Zahn	stehlen
vermehren	**Zahl**	**Mohn**	**Bahn**	**fehlen**
verkehren	**Mahl**	**Sohn**	**Hahn**	**hehlen**
entbehren	**kahl**	**Hohn**	**Kahn**	**empfehlen**
verzehren	**Stahl**	**Argwohn**	**Wahn**	**Kehlen**

❺ Wörterzauberer.

Wechsle nur einen Buchstaben im Wort, um ein neues zu erhalten (zehn - Zahn).

fahren	**führen**	**fuhren**	**Fahrer**	Ruhm	**Rahm**	**Ruhe**	**Ruhr**
fehlen	**Fehler**	**fühlen**	**Fohlen**	mehr	**Mohr**	**Mehl**	**Meer**

Spricht man **gedehnt** a, e, o, u, kommt manchmal noch ein **h** dazu.
Wenn du nicht genau weißt, ob ein Wort mit h geschrieben wird, denke an die Wortfamilie.
Gibt es ein verwandtes Wort dazu (z. B.: er fährt → fahren, Fahrer, Fahrrad)?

RS Name: ______________________ Datum: ______________

Test

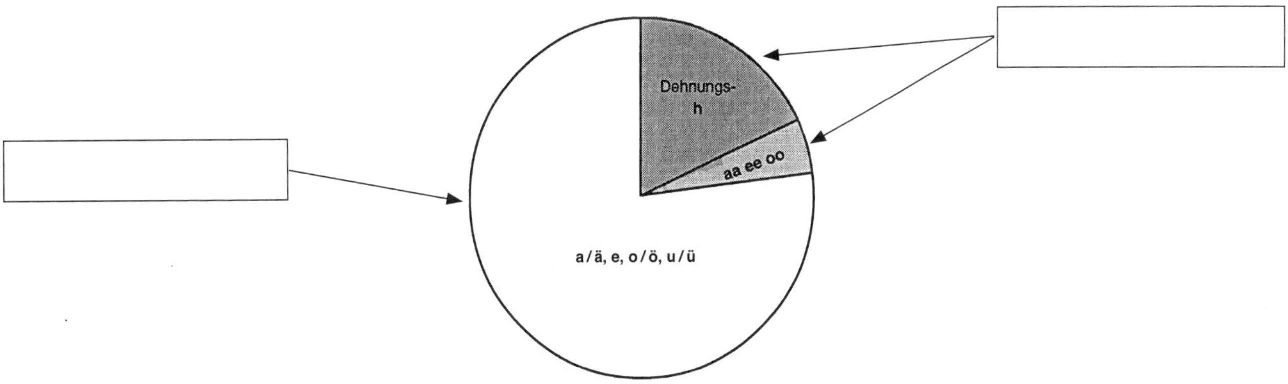

Schreibweise des langen a/ä (a/ä, ah/äh, aa)

Setze die fehlenden Buchstaben jeweils in die folgenden Wörter ein.

N____me, l____hm, w____rend, sp____ren, f____ren, w____len
St____t, sch____len, M____rchen, M____lzeit, S____l, qu____len
____nlich, Dr____t, r____ten, Tr____ne, g____nen, P____r, sp____t
Dr____m____, St____l, s____en, Sign____l, Z____l, Qu____dr____t

Wörter mit a/ä, ah/äh, aa: ____ a , ____ ä , ____ ah , ____ äh , ____ aa

Schreibweise des langen e (e, eh, ee)

g____ben, l____gen, anl____nen, H____r, vorn____m, m____r, M____r
R____gen, Verk____r, ausl____ren, bel____ren, anstr____ben, st____len
S____le, S____gen, b____ten, B____t, entb____ren, Fr____vel, Kl____
D____fizit, F____ler, F____der, F____, ver____ren, M____dien, sich w____ren

Wörter mit e, eh, ee: ____ e , ____ eh , ____ ee

Schreibweise des langen o/ö (o/ö, oh/öh, oo)

l____ben, fr____lich, L____n, n____tig, B____den, B____t, Briefb____te
Lik____r, Nadel____r, h____len, H____le, Br____t, ert____nen, dr____nen
Str____m, b____ren, K____le, P____l, gew____nlich, pers____nlich
st____ren, st____nen, M____s, M____de, M____n, M____dus, Z____

Wörter mit o/ö, oh/öh, oo: ____ o , ____ ö , ____ oh , ____ öh , ____ oo

Schreibweise des langen u (u/ü, uh/üh, ou)

Sp____r, ____r, Nat____r, ____rwald, f____ren, F____rsorge, Radt____r
hinz____f____gen, Gef____l, Bl____te, bl____ten, Gl____t, gegl____t
F____t____r, N____gat, Geschw____r, r____ren, sp____ren, Geb____r
Lim____sine, r____mreich, m____de, H____n, H____ne, S____venir, m____tig

Wörter mit u/ü, uh/üh, ou: ____ u , ____ ü , ____ uh , ____ üh , ____ ou

RS	Name: ______________________	Datum: ______________	

Test

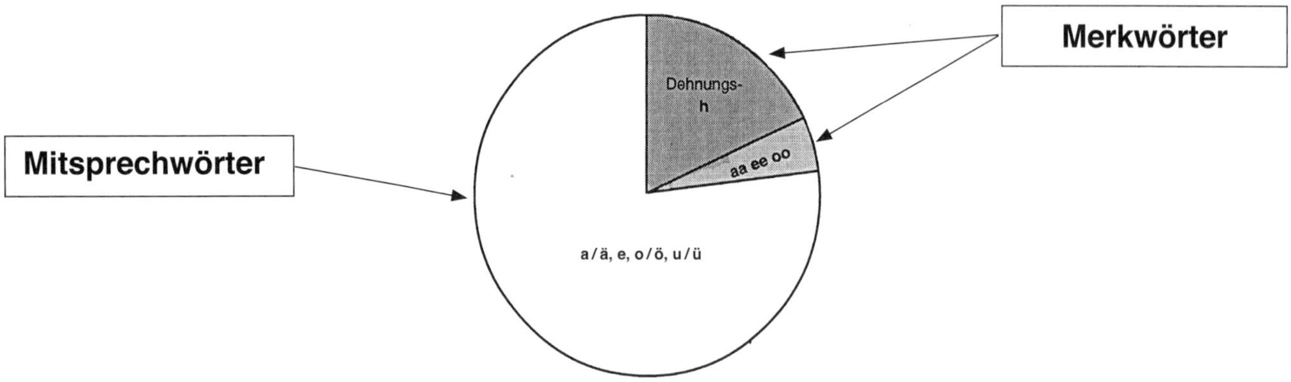

Schreibweise des langen a/ä (a/ä, ah/äh, aa)

Setze die fehlenden Buchstaben jeweils in die folgenden Wörter ein.

N_**a**_me, l_**a**_hm, w_**äh**_rend, sp_**a**_ren, f_**ah**_ren, w_**äh**_len
St_**aa**_t, sch_**ä**_len, M_**ä**_rchen, M_**ah**_lzeit, S_**aa**_l, qu_**ä**_len
_**äh**_nlich, Dr_**ah**_t, r_**a**_ten, Tr_**ä**_ne, g_**äh**_nen, P_**aa**_r, sp_**ä**_t
Dr_**a**_m_**a**_, St_**ah**_l, s_**ä**_en, Sign_**a**_l, Z_**ah**_l, Qu_**a**_dr_**a**_t

Wörter mit a/ä, ah/äh, aa: **8** [a], **6** [ä], **6** [ah], **4** [äh], **3** [aa]

Schreibweise des langen e (e, eh, ee)

g_**e**_ben, l_**e**_gen, anl_**eh**_nen, H_**ee**_r, vorn_**eh**_m, m_**eh**_r, M_**ee**_r
R_**e**_gen, Verk_**eh**_r, ausl_**ee**_ren, bel_**eh**_ren, anstr_**e**_ben, st_**eh**_len
S_**ee**_le, S_**e**_gen, b_**e**_ten, B_**ee**_t, entb_**eh**_ren, Fr_**e**_vel, Kl_**ee**_
D_**e**_fizit, F_**eh**_ler, F_**e**_der, F_**ee**_, ver_**eh**_ren, M_**e**_dien, sich w_**eh**_ren

Wörter mit e, eh, ee: **10** [e], **9** [eh], **7** [ee]

Schreibweise des langen o/ö (o/ö, oh/öh, oo)

l_**o**_ben, fr_**öh**_lich, L_**oh**_n, n_**ö**_tig, B_**o**_den, B_**oo**_t, Briefb_**o**_te
Lik_**ö**_r, Nadel_**öh**_r, h_**o**_len, H_**öh**_le, Br_**o**_t, ert_**ö**_nen, dr_**öh**_nen
Str_**o**_m, b_**oh**_ren, K_**oh**_le, P_**oo**_l, gew_**öh**_nlich, pers_**ö**_nlich
st_**ö**_ren, st_**öh**_nen, M_**oo**_s, M_**o**_de, M_**oh**_n, M_**o**_dus, Z_**oo**_

Wörter mit o/ö, oh/öh, oo: **8** [o], **5** [ö], **4** [oh], **6** [öh], **4** [oo]

Schreibweise des langen u (u/ü, uh/üh, ou)

Sp_**u**_r, _**Uh**_r, Nat_**u**_r, _**U**_rwald, f_**üh**_ren, F_**ü**_rsorge, Radt_**ou**_r
hinz_**u**_f_**ü**_gen, Gef_**üh**_l, Bl_**ü**_te, bl_**u**_ten, Gl_**u**_t, gegl_**üh**_t
F_**u**_t_**u**_r, N_**ou**_gat, Geschw_**ü**_r, r_**üh**_ren, sp_**ü**_ren, Geb_**üh**_r
Lim_**ou**_sine, r_**uh**_mreich, m_**ü**_de, H_**uh**_n, H_**ü**_ne, S_**ou**_venir, m_**u**_tig

Wörter mit u/ü, uh/üh, ou: **9** [u], **7** [ü], **3** [uh], **5** [üh], **3** [ou]

RS | Name: ______________________ | Datum: ______________

Wörter mit Dehnungs-h oder doppeltem Vokal (aa, ee, oo)

Nach einem **lang** gesprochenem Vokal (S oder U) folgt manchmal noch ein Dehnungs-h.
Spricht man gedehnt a, e, o, u, kommt manchmal noch ein h dazu.
Nur bei wenigen Wörtern wird der lang gesprochene Vokal verdoppelt (aa, ee, oo).

Überlegung

Vokal lang? S oder U → nein → Dehnungs-h und Vokalverdopplung nicht möglich.

↓ ja

Drei Möglichkeiten

nur lang gesprochener Vokal			
a/ä	e	o/ö	u/ü
Mitsprechwörter			
Normale Schreibweise			

Vokal mit Dehnungs-h			
ah/äh	eh	oh/öh	uh/üh
Merkwörter			
Aufpass-Stelle **ah/eh/oh/uh** markieren			

Vokal wird verdoppelt		
aa	ee	oo
Merkwörter		
Aufpass-Stelle **aa/ee/oo** markieren		

Wörter mit Dehnungs-h

ah/äh	**eh**	**oh/öh**	**uh/üh**
	ih		

doppelter Vokal

aa
ee
oo

8 von 10 Wörtern mit lang gesprochenem Vokal werden nur mit dem **hörbaren Vokal** geschrieben (also ohne zusätzliches Dehnungs-h oder doppelten Vokal). Es lohnt sich deshalb, die **Ausnahmen** gut zu lernen und die übrigen Wörter normal zu schreiben.

Wörter mit Dehnung (Dehnungs-h oder doppeltem Vokal aa, ee, oo)

ah/äh

befahl
Diebstahl
fahl
kahl
Mahl
Pfahl
stahl
Stahl
Strahl
Wahl
Zahl

mahlen
prahlen
strahlen
zahlen

wählen
zählen

lahm
Rahm
zahm

beschlagnahmen
entrahmen
einrahmen
erlahmen

lähmen
zähmen

Bahn
Hahn
Kahn
Wahn
Zahn

ahnden
fahnden

Ahne
Fahne
Sahne

Hähne
Kähne
Mähne
Strähne
Zähne

ah/äh

ahnen
bahnen
mahnen
zahnen

ähnlich

Gefahr
Jahr
wahr

Gewähr
ungefähr

Bahre
Jahre

Ähre
Fähre
Mähre

(be)wahren
erfahren
fahren
wahren

nähren
verjähren
(ge)währen

während

Ernährung
Währung

Draht

eh

Befehl
Mehl

empfehlen
fehlen
hehlen
Kehle(n)
stehlen

Hehler
Fehler

angenehm
vornehm

nehmen
abnehmen
benehmen
einnehmen

zehn

Lehne
Sehne

ablehnen
dehnen
sich sehnen

Abwehr
Gewehr
mehr
sehr
Verkehr
Wehr

Ehre

ehren
entbehren
kehren
lehren
(ver)mehren
sich wehren
zehren

ih

ihm, ihn(en)
Ihnen
ihr, ihre(n)
ihres
Ihr, Ihre(n)

oh/öh

hohl
jawohl
Kohl
obwohl
wohl
Wohl

Bohle
Dohle
Gejohle
Kohle
Sohle

Höhle

befohlen
empfohlen
Fohlen
gestohlen
johlen
besohlen
versohlen

gröhlen

fröhlich

Argwohn
Hohn
Lohn
Mohn
Sohn

Bohne
ohne

lohnen
wohnen

dröhnen
föhnen
gewöhnen
höhnen
löhnen
stöhnen
versöhnen

Ohr
Rohr

Möhre
Röhre

bohren

uh/üh

Pfuhl
Suhl

buhlen
suhlen

Gefühl
Gestühl
kühl

Kühle
Mühle
Stühle

fühlen
kühlen
wühlen

Fühler
Kühler

Ruhm
rühmen

Huhn

Bühne
Sühne

Aufruhr
fuhr
Ruhr
Uhr

kühn

führen
rühren

aa/ee/oo

Haare
Paar
paar
Saal

Saat
Staat

Waage
Beere
Beet

Fee
Idee
Kaffee
Klee
Schnee
See
Tee

Seele

Heer
leer
Meer
Teer

Boot
cool
doof
Moor
Moos
Zoo

RS Name: ______________________ Datum: ______________

Wörter mit ß (VB)

❶ Wörter gesucht

Tunke
Die Hände in den ... legen
Sehr warm, glühend
Farbe
Zehnerzahl
Mit den Zähnen packen
Wasserfahrzeug
Arbeitseifer
Größter Vogel
Gegenteil von innen

Suche zwei verwandte Wörter.

❷ Wörterfenster

Schiebe zwei oder drei Streifen mit Wortteilen so nach oben und unten, dass im Wortfenster ein Wort erscheint.

B/b Fl/fl Gr/gr	aß/äß oß/öß uß/üß	e en
h M/m Sp/sp	eiß ieß	ig

aß/äß	oß/öß	uß/üß	eiß	ieß

❸ Reimwörter

bl	Fl	fl	Fr	g	gr	h	h	M	r	s	sch	schm	Schw	St

beißen	schließen	Schoß	weiß	Spaß

❹ Zusammengesetzte Wörter

Soße	ⓔ ⓖ ⓐ	Minister
Blumen	ⓡ	Verschluss
außen	ⓤ ⓑ ⓝ	Schüssel
reißen	ⓡ ⓝ	Strauß
Bienen	ⓔ	Korb
beißen	ⓝ ⓛ	Fleiß

weiß	Geld	Fach
Post	Bier	Zahlung
Buße	schließen	Glas

Lösungswort

Vor einem **ß**-Laut steht immer ein **lang** gesprochener Vokal (**VB**) oder **Doppellaut** (**au**, **äu**, **ei**, **eu**).

RS Name: ______________________ Datum: ______________________

Wörter mit ß (<u>V</u>ß)

❶ Wörter gesucht

Suche zwei verwandte Wörter.

Tunke	S o ß e	**Soßenlöffel, Bratensoße**
Die Hände in den ... legen	S c h o ß	**Schoßkind, Schoßhund**
Sehr warm, glühend	h e i ß	**heißblütig, Heißhunger**
Farbe	w e i ß	**schneeweiß, Weißbrot**
Zehnerzahl	d r e i ß i g	**Dreißiger, dreiunddreißig**
Mit den Zähnen packen	b e i ß e n	**anbeißen, Beißzange**
Wasserfahrzeug	F l o ß	**Flößer, Floßfahrt**
Arbeitseifer	F l e i ß	**fleißig, Fleißarbeit**
Größter Vogel	S t r a u ß	**Straußenei, Straußenfeder**
Gegenteil von innen	a u ß e n	**Außenseite, außerhalb**

❷ Wörterfenster

Schiebe zwei oder drei Streifen mit Wortteilen so nach oben und unten, dass im Wortfenster ein Wort erscheint.

B/b Fl/fl Gr/gr	aß/äß oß/öß uß/üß	e en
h M/m Sp/sp	eiß ieß	ig

aß/äß	oß/öß	uß/üß	eiß	ieß
Maß	**groß**	**Buße**	**beißen**	**Grieß**
maß	**Größe**	**büßen**	**Fleiß**	**fließen**
mäßig	**Floß**	**Gruß**	**fleißig**	**Spieß**
Spaß	**Flöße**	**grüßen**	**heiß**	**spießig**
spaßig		**Muße/müßig**	**heißen**	**hieß**

❸ Reimwörter

bl	Fl	fl	Fr	g	gr	h	h	M	r	s	sch	schm	Schw	St

beißen	schließen	Schoß	weiß	Spaß
heißen	**gießen**	**groß**	**heiß**	**Fraß**
reißen	**fließen**	**bloß**	**Fleiß**	**Maß**
schmeißen	**schießen**	**Stoß**	**Schweiß**	**saß**

❹ Zusammengesetzte Wörter

Soße	Minister	**Soßenschüssel**
Blumen	Verschluss	**Blumenstrauß**
außen	Schüssel	**Außenminister**
reißen	Strauß	**Reißverschluss**
Bienen	Korb	**Beißkorb**
beißen	Fleiß	**Bienenfleiß**

weiß	Geld	Fach	**Weißbierglas**
Post	Bier	Zahlung	**Postschließfach**
Buße	schließen	Glas	**Bußgeldzahlung**

Lösungswort: g r ü ß e n

Vor einem **ß**-Laut steht immer ein **lang** gesprochener Vokal (<u>V</u>ß) oder **Doppellaut** (**au**, **äu**, **ei**, **eu**).

Wörter mit ss oder ß

Höre, ob bei den folgenden Wörtern der dem s vorausgehende Selbstlaut (S) kurz oder lang klingt. Markiere **Ṣ** oder **S̲** und setze dann **ss** oder **ß** ein. Beachte: Doppellaute klingen lang.

Horni___e	flie___en	aufpa___en	Intere___e	Geno___e	zerrei___en	Blö___e
Bu___e	drei___ig	schmei___en	Terra___e	erfa___en	Kuli___e	schlie___en
äu___ern	erpre___en	bi___chen	Strau___	Pre___e	Schwei___	Abschlu___
Gewi___en	Verschlu___	sprie___en	verge___en	Verschlei___	befli___en	drau___en

Trichterwörter

Nimm aus jedem Trichterteil immer nur einen Buchstaben und setze diese zu Wörtern zusammen. Du darfst einzelne Buchstaben mehrmals verwenden und Kleinbuchstaben auch als Großbuchstaben. Die Wörter können aus drei bis sieben Buchstaben bestehen.

Trichter 1
e k p s
e g o r x
e f h m o p
l n p r w z
a e i o u
ss

Trichter 2
s
f g s t
e h l p r t
a e f i m s
a ä e i u ü
ß

Wörter mit s, ss und ß

Wörterbastler

F · H · Gr · R · Schl · W

a · o · u · ei · ie

s · **ss** · **ß**

e · en · er · ig

Wörter mit **s**	Wörter mit **ss**	Wörter mit **ß**

Silbenrätsel

Wie viele Wörter findest du? Trage sie in die Tabelle ein. Alle weden zweisilbig getrennt.

Adres - äu - bla - Dis - fäß - Fern - fus - Ge - glas - ko - Kom - kon - lich - los - maß - mes - nis - pass - Pres - Pro - schließ - schmei - Schlös - se - se - se - sel - sen - sen - sen - Stra - ße - pern - tanz - Va - wis - zess - Zeug

s	**ss**	**ß**

Wörter mit ss oder ß

Höre, ob bei den folgenden Wörtern der dem s vorausgehende Selbstlaut (S) kurz oder lang klingt. Markiere Ṣ oder S̲ und setze dann **ss** oder **ß** ein. Beachte: Doppellaute klingen lang.

Horni **ss** e	flie **ß** en	aufpa **ss** en	Intere **ss** e	Geno **ss** e	zerrei **ß** en	Blö **ß** e
Bu **ß** e	drei **ß** ig	schmei **ß** en	Terra **ss** e	erfa **ss** en	Kuli **ss** e	schlie **ß** en
äu **ß** ern	erpre **ss** en	bi **ss** chen	Strau **ß**	Pre **ss** e	Schwei **ß**	Abschlu **ss**
Gewi **ss** en	Verschlu **ss**	sprie **ß** en	verge **ss** en	Verschlei **ß**	befli **ss** en	drau **ß** en

Trichterwörter

Nimm aus jedem Trichterteil immer nur einen Buchstaben und setze diese zu Wörtern zusammen. Du darfst einzelne Buchstaben mehrmals verwenden und Kleinbuchstaben auch als Großbuchstaben. Die Wörter können aus drei bis sieben Buchstaben bestehen.

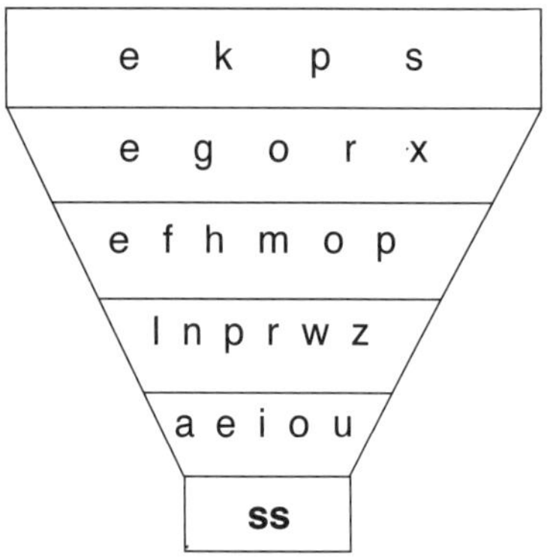

Prozess, **Express**, **Kompass**, **Schloss**, **Genuss**, **gewiss**, **floss**, **Ross**, **Pass**, **Nuss**, **iss**, **lass**, **nass**, **Fluss**, **Ass**

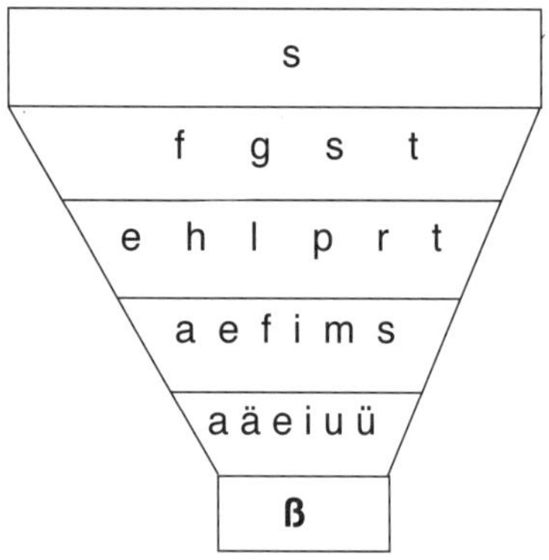

Fuß, **Maß**, **saß**, **heiß**, **Strauß**, **Gesäß**, **Gefäß**, **gemäß**, **Fleiß**, **Grieß**, **Spieß**, **stieß**, **ließ**, **süß**

Wörter mit s, ss und ß

Wörterbastler

F, H, Gr, R, Schl, W

a, o, u, ei, ie

s, ss, ß

e, en, er, ig

Wörter mit **s**	Wörter mit **ss**	Wörter mit **ß**
Fliese(n), Hase, Ho-	**Fleiß, fleißig, Fluss,**	**fließen, Floß, Gruß,**
se, Gras, Greis, Ra-	**Flossen, Hass, has-**	**groß, Grieß, heiß,**
sen, Reise, reisen,	**sen, Rasse, rassig,**	**heißen, hieß, hießen,**
Rose, rosig, Riese,	**Ross, Schloss,**	**reißen, Ruß, rußig,**
riesig, was, Weise,	**Schlosser, Schluss,**	**schließen, weiß**
weisen, Wiese	**Wasser, wessen**	

Silbenrätsel

Wie viele Wörter findest du? Trage sie in die Tabelle ein. Alle werden zweisilbig getrennt.

Adres - äu - bla - Dis - fäß - Fern - fus - Ge - glas - ko - Kom - kon - lich - los - maß - mes - nis - pass - Pres - Pro - schließ - schmei - Schlös - se - se - se - sel - sen - sen - sen - Stra - ße - pern - tanz - Va - wis - zess - Zeug

s	ss	ß
blasen	**Adresse**	**äußern**
Distanz	**Kompass**	**Gefäß**
Fernglas	**messen**	**maßlos**
konfus	**Presse**	**schließlich**
Vase	**Prozess**	**schmeißen**
Zeugnis	**wissen**	**Straße**

RS	Name: ____________________	Datum: ______________

Wörter mit ss oder ß

1. Überlegung — Vokal kurz gesprochen? Ṣ oder Ụ — nein →

Wörter mit s (Hörwörter):
das, des, was, lesen, Hose,
Gras, Hase, leise, Fliese

Wörter mit ß (Merkwörter):
Straße, Fleiß
(siehe unten)

ja ↓

2. Überlegung — Nur ein S hörbar? — nein →

s mit einem oder mehreren Mitlauten
st: ist, Ast, zuerst, meistens, Faust, bestens, fest
andere Mitlaute: als, links, rechts, nichts, nirgends

ja ↓

3. Überlegung — SS s wird verdoppelt →

nur s
s: bis, Bus (Busse)
Nachsilbe -nis (Mz.: -nisse): Erlebnis (Erlebnisse), Zeugnis (Zeugnisse), Hindernis (Hindernisse), Geheimnis (Geheimnisse)
Endung -us (Mz.: -usse): Zirkus (Zirkusse), Krokus (Krokusse)

↓

❶ Wörter mit ss (Denkwörter)

Folgt nach einem kurz gesprochenem Vokal (Ṿ) nur ein **s**, dann wird dieses verdoppelt (Ṿ**ss**).
Oder: Vor einem **ss** steht immer ein kurz gesprochener Selbstlaut (Ṣ) oder Umlaut (Ụ).

ạss/ạ̈ss	ẹss	ịss	ọss/ọ̈ss	ụss/ụ̈ss

❷ Wörter mit ß (Merkwörter)

Nach einem lang gesprochenem Vokal (S oder U) oder einem Doppellaut (au, ei, ...) steht oft ein **ß**.

aß/äß	ieß	oß/öß	uß/üß	auß/äuß/euß	eiß

Wörter mit ss (Vss)*

ass-äss

Ass
Bass
blass
Fass
Kompass
krass
nass
Pass

Gasse
Insasse
Kasse
Klasse
Masse
Rasse
Tasse
Terrasse
Trasse

Asseln
prasseln
quasseln
rasseln
vermasseln

Schlamassel

ass-äss

fassen
hassen
lassen
passen
prassen
schassen
verplassen
vermassen
verpassen

Aufpasser
Erblasser
Hasser
Prasser
Verfasser
Wasser

aufsässig
gehässig
lässig
wässrig
zuverlässig

ess

Dress
Express
Exzess
Fairness
kess
Prozess
Stress

Adresse
Delikatesse
Finesse
Fresse
Interesse
Kresse
Messe
Presse

Brennnessel
Fessel
Kessel
Nessel
Sessel

dessen
essen
Essen
fressen
messen

ess

besser
Erpresser
Esser
Fresser
Messer

Aggression
Depression
Konfession
Konzession
Passion
Prozession

Aggressor
Assessor
Professor

iss

Biss(en)
gewiss
Riss
riss
schmiss

Hornisse
Kulisse
Narzisse

beflissen
Bissen
bisschen
Gewissen
hissen
Kissen
missen
rissen
schmissen
verschlissen
wissen
Wissen

geflissentlich
wissentlich

oss-öss

Boss
Geschoss
Koloss
Ross
Schloss
Spross
Tross

Flosse
Genosse
Glosse
Gosse
Posse
Sprosse

flossen
genossen
gossen
schlossen
schossen
Sprossen
verdrossen

uss-üss

Fluss
Genuss
Guss
Kuss
muss
Nuss
Schluss
Schuss
Stuss
Verdruss

Dussel
Fussel
Schussel

Rüssel
Schlüssel
Schüssel

küssen
müssen

flüssig
schlüssig
überdrüssig

Wörter mit ß (Merkwörter ⇨ Vß)

aß-äß

aß
fraß
Maß
maß
saß
Spaß
vergaß

Gefäß
gemäß
Gesäß

Straße

gefräßig
mäßig

ieß

Grieß
hieß
ließ
Spieß
stieß

fließen
genießen
gießen
ließen
schießen
schließen
sprießen
stießen
verdrießen
schließlich

oß-öß

bloß, Blöße
Floß, Flöße
groß, Größe
Kloß, Klöße
Schoß, Schöße
Stoß, Stöße

Soße

stoßen

(ein)flößen
entblößen

uß-üß

Fuß
Gruß
Ruß

süß

Buße
Muße

fußen
rußen

büßen
grüßen
süßen

auß-äuß-euß

Strauß
außen
draußen
außer
äußern
scheußlich

eiß

Fleiß
Geiß
heiß
Schweiß
weiß

Geißel
Meißel

beißen
heißen
reißen
schmeißen
schweißen
verschleißen

dreißig
fleißig

* Wörter sind jeweils nach Reimwörtern (gleiche Schwierigkeit) geordnet.

RS	Name: ______________________	Datum: ______________	

Das verflixte x

Das ist doch wie verhext - **ein** Laut und **fünf** verschiedene Schreibweisen. Deshalb haben Alex und Max eine fixe Idee. Sie fordern von den Rechtschreibreformern:
Alle Wörter, die einen **ks**-Laut haben, sollen auch mit diesem geschrieben werden. Alex und Max legen eine Liste mit 50 ks-Wörtern vor.

anfanks - Ankst - Akse - Akst - boksen - Bükse - Daks - denkst - drekseln - Eksil - Eidekse - ekstra - fiks - Flaks - Fuks - Gewäks - gukst - Henkst - Hekse - hökstens - Keks - Kleks - Knaks - Kniks - Laks - länkst - Leksikon - links - Luks - mittaks - Mikser - muksen - näkste - Nikse - Okse - pakst - Pfinksten - rinks - Saksen - seks - Takse - Taksi - Tekst - Tekstilien - trinkst - unterweks - Volkswagen - waksen - wekseln - zweks

Doch diese Rechtschreibänderung fand nicht statt. Wohl zu Recht, denn einige Wörter schauen mit dem ks-Laut wirklich sehr sonderbar aus. Man schreibt also den ks-Laut weiterhin auf fünf verschiedene Weisen.
Kannst du die Wörter aus dem Kästchen von oben richtig in die Tabelle unten eintragen? Die Zahl in der Klammer sagt dir, wie viele Wörter es jeweils sind.

chs (17)	
x (13)	
cks (8)	
gs (7)	
ks (5)	

Wörterdetektiv

Wähle x- und chs-Wörter so aus, dass du jeweils das Kreuzworträtsel füllen kannst. Nur ein Buchstabe ist vorgegeben und trotzdem ist es zu schaffen. Schreibe die Wörter nochmals hinter die entsprechende Nummer.

x-Wörter

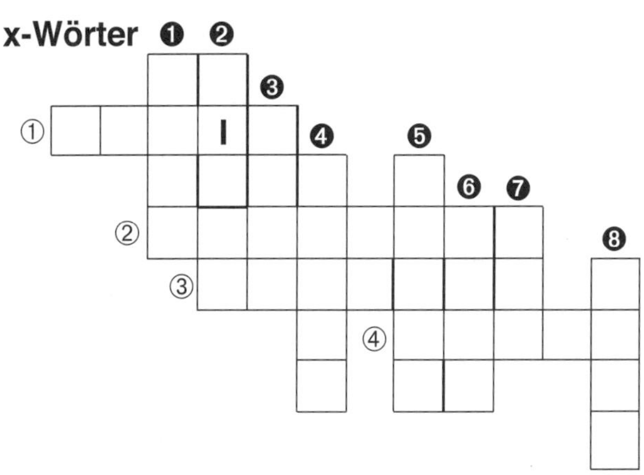

chs-Wörter

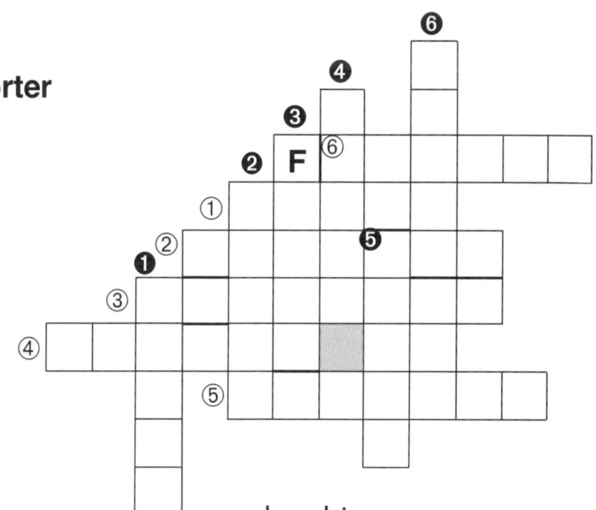

waagrecht	senkrecht		waagrecht		senkrecht	
① ________	❶ ________	❺ ________	① ________	⑤ ________	❶ ________	❺ ________
② ________	❷ ________	❻ ________	② ________	⑥ ________	❷ ________	❻ ________
③ ________	❸ ________	❼ ________	③ ________		❸ ________	
④ ________	❹ ________	❽ ________	④ ________		❹ ________	

RS	Name: ______________________	Datum: ______________

Das verflixte x

Das ist doch wie verhext - **ein** Laut und **fünf** verschiedene Schreibweisen. Deshalb haben Alex und Max eine fixe Idee. Sie fordern von den Rechtschreibreformern:
Alle Wörter, die einen **ks**-Laut haben, sollen auch mit diesem geschrieben werden. Alex und Max legen eine Liste mit 50 ks-Wörtern vor.

> anfanks - Ankst - Akse - Akst - boksen - Bükse - Daks - denkst - drekseln - Eksil - Eidekse - ekstra - fiks - Flaks - Fuks - Gewäks - gukst - Henkst - Hekse - hökstens - Keks - Kleks - Knaks - Kniks - Laks - länkst - Leksikon - links - Luks - mittaks - Mikser - muksen - näkste - Nikse - Okse - pakst - Pfinksten - rinks - Saksen - seks - Takse - Taksi - Tekst - Tekstilien - trinkst - unterweks - Volkswagen - waksen - wekseln - zweks

Doch diese Rechtschreibänderung fand nicht statt. Wohl zu Recht, denn einige Wörter schauen mit dem ks-Laut wirklich sehr sonderbar aus. Man schreibt also den ks-Laut weiterhin auf fünf verschiedene Weisen.
Kannst du die Wörter aus dem Kästchen von oben richtig in die Tabelle unten eintragen? Die Zahl in der Klammer sagt dir, wie viele Wörter es jeweils sind.

chs (17)	**Achse, Büchse, Dachs, drechseln, Eidechse, Flachs, Fuchs, Gewächs, höchstens, Lachs, Luchs, nächste, Ochse, Sachsen, sechs, wachsen, wechseln**
x (13)	**Axt, boxen, Exil, extra, fix, Hexe, Lexikon, mixen, Nixe, Taxe, Taxi, Text, Textilien**
cks (8)	**guckst, Klacks, Klecks, Knacks, Knicks, mucksen, packst, zwecks**
gs (7)	**anfangs, Angst, Hengst, längst, mittags, Pfingsten, unterwegs**
ks (5)	**denkst, Keks, links, trinkst, Volkswagen**

Wörterdetektiv
Wähle x- und chs-Wörter so aus, dass du jeweils das Kreuzworträtsel füllen kannst. Nur ein Buchstabe ist vorgegeben und trotzdem ist es zu schaffen. Schreibe die Wörter nochmals hinter die entsprechende Nummer.

x-Wörter

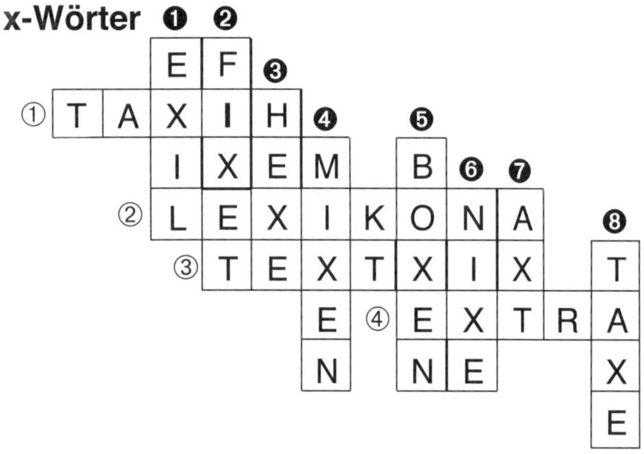

chs-Wörter

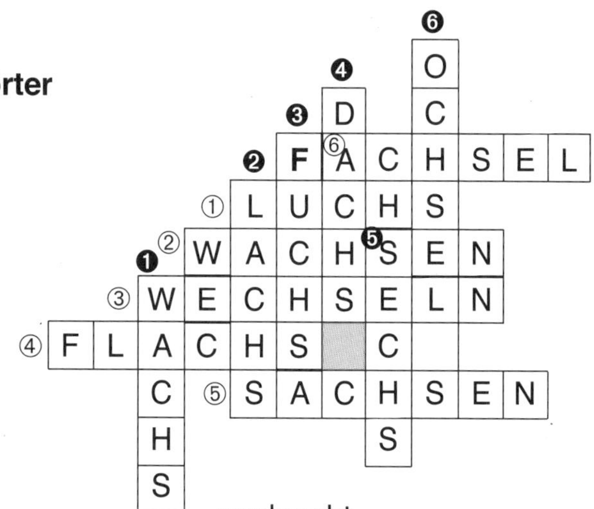

x-Wörter

waagrecht	senkrecht	
① **Taxi**	❶ **Exil**	❺ **boxen**
② **Lexikon**	❷ **fix**	❻ **Nixe**
③ **Text**	❸ **Hexe**	❼ **Axt**
④ **extra**	❹ **mixen**	❽ **Taxe**

chs-Wörter

waagrecht		senkrecht	
① **Luchs**	⑤ **Sachsen**	❶ **Wachs**	❺ **sechs**
② **wachsen**	⑥ **Achsel**	❷ **Lachs**	❻ **Ochse**
③ **wechseln**		❸ **Fuchs**	
④ **Flachs**		❹ **Dachs**	

RS Name: ______________________ Datum: ______________

Meine Merkwörter-Liste

1. Wörter mit Dehnungs-h

- ah/äh: ______________________
- eh: ______________________
- oh/öh: ______________________
- uh/üh: ______________________

2. Wörter mit doppeltem Vokal

- ee: ______________________
- aa: ______________________
- oo: ______________________

3. Wörter mit ß

- aß/äß: ______________________
- ieß: ______________________
- oß/öß: ______________________
- uß/üß: ______________________
- auß/äuß: ______________________
- eiß: ______________________

4. Wörter mit b, d, g und h am Wortende, die nicht verlängert werden können

____

5. Wörter mit ä (kein verwandtes Wort mit a)

____

6. Wörter mit ai

____

7. Wörter mit Vv

- Vv: ______________________
- Ver-/ver-: ______________________
- Vor-/vor-: ______________________

8. Wörter mit C und Ch

____

9. Wörter mit x oder chs

- x: ______________________
- chs: ______________________

10. Wörter mit y

____

11. Wörter mit Ph/ph und Th/th

- ph: ______________________
- th: ______________________

RS Name: ______ Datum: ______

Meine Merkwörter-Liste

1. Wörter mit Dehnungs-h

- ah/äh: erzählen, fahren/Gefahr, wahr, während, zahlen/Zahl, zählen, Wahl/wählen, Jahr, Bahn, Zahn, Hahn, Mahl, zahm, kahl, Nahrung/nähren, mahlen, strahlen, Kahn, Fahne, Sahne, ahnen
- eh: Fehler, mehr, nehmen, sehr, Verkehr, zehn, dehnen, Ehre, lehren, Mehl, empfehlen, stehlen, Gewehr
- oh/öh: fröhlich, lohnen, ohne, wohl, wohnen, Höhle/hohl, Hohn, Ohr, Sohn, Kohle, gewöhnen, Bohne
- uh/üh: fühlen, führen, kühl, Stuhl, Uhr, Bühne, Huhn, kühn, Mühle, Ruhm/berühmt, rühren, wühlen

2. Wörter mit doppeltem Vokal

- ee: Kaffee, leer, Meer, Schnee, See, Tee, Beere, Beet, Fee, Heer, Klee, Seele, Teer, Idee, Gelee
- aa: Haare, paar, Staat, Saat, Paar, Saal, Aal, Waage, waagrecht
- oo: Boot, Zoo, Moor, Moos, doof, Boom, Pool, Zoom

3. Wörter mit ß

- aß/äß: Maß, mäßig, Spaß, Straße, Gefäß, sie aßen, er vergaß, er saß, gemäß, Gesäß, er maß
- ieß: fließen, genießen, gießen, schließen, schießen, Grieß, schließlich, Spieß, sprießen, er stieß
- oß/öß: bloß, groß/Größe, stoßen, Floß, Kloß, Soße
- uß/üß: Fuß, grüßen/Gruß, süß/süßen/Süße, büßen/Buße, Muße/müßig, Ruß/rußig/rußen
- auß/äuß: außen, außerdem, äußern, draußen, Strauß
- eiß: beißen, dreißig, fleißig/Fleiß, heiß, reißen, weiß, Schweiß, Geißel, Meißel, schmeißen

4. Wörter mit b, d, g und h am Wortende, die nicht verlängert werden können

ob, Jugend, Gag, Vieh, ab, sind, seid, während, Smog, Trend, Job, Klub

5. Wörter mit ä (kein verwandtes Wort mit a)

Bär, Gerät, Mädchen, März, prägen, schräg, spät, Käfer, Käfig, Märchen, Träne, Säge

6. Wörter mit ai

Hai, Kaiser, Mai, Mais, Saite, Laib, Waise, Main, Rain, fair, Training, Mailbox, Airbag

7. Wörter mit Vv

- Vv: Vater, Vogel, Volk, viel, vielleicht, vier, vom, von, voll, November, Kurve, brav, Vieh
- Ver-/ver-: Verbrauch, vergessen, verlieren, Verkauf, verschicken, Versuch, verwandt, Verkehr
- Vor-/vor-: vor, vordere, vorbei, Vorfahrt, Vorsicht, Vorteil, voraus, Voraussetzung, Vorschlag

8. Wörter mit C und Ch

Computer, Charakter, Comic, Chaos, Clown, Chip, Christ, Code, Container, Camping, Cup

9. Wörter mit x oder chs

- x: boxen, extra, Hexe, Fax, mixen, Praxis, Taxi, Text, Lexikon, Luxus, Axt, Taxe, fix, exakt
- chs: Fuchs, höchstens, nächste(ns), sechs, wachsen/Gewächs, wechseln, Achse, Dachs

10. Wörter mit y

Handy, Hobby, System, Sympathie, Typ, Analyse, Pony, Physik, Symbol, Baby, Pyramide

11. Wörter mit Ph/ph und Th/th

- ph: Phase, Katastrophe, Atmosphäre, Phänomen, Triumph, phlegmatisch, Phantom
- th: Theater, Theorie, Thema, Diskothek, Apotheke, sympathisch, Athlet, Thron, Therapie

RS	Name: ____________________________	Datum: __________________	

Fremdwörter und ihre Herkunft

In der deutschen Sprache gibt es auch Wörter, die aus anderen Sprachen übernommen wurden. Diese Wörter, die ihre andersartige (fremde) Schreibweise und Aussprache weitgehend beibehalten haben, werden als Fremdwörter bezeichnet.
Fremdwörter sind internationale Fachwörter, die in vielen Sprachen fast gleich lauten und das Gleiche bedeuten. Man kann sie meist an Wortteilen erkennen.

Beispiele:

- Wörter mit **ph** (wie f gesprochen), **th** (wie t) oder **y** (wie ü) entstammen dem **Griechischen**, z. B. Philosophie, Phase, Theater, Mathematik, anonym, Symbol.
- Wörter mit der Vorsilbe **ex-** und den Endungen **-ion** und **-ur** kommen aus dem **Lateinischen**, z. B. Existenz, Export, Funktion, Fusion, Natur, Kultur.
- Wörter mit den Endungen **-age** (wie -asche gesprochen), **ou** (wie u) und **-eur** (-ör) kommen aus dem **Französischen**, z. B. Blamage, Garage, Tour, Cousin, Friseur, Masseur.
- Wörter mit **ai** (wie ä gesprochen), **ea** (wie i) oder **c** (wie k) wurden aus dem **Englischen** übernommen, z. B. fair, Trainer, Team, Beat, Comic, Computer.

Welche der folgenden Fremdwörter erkennst du an Wortteilen und kannst sie deshalb entsprechend ihrer Herkunft unten in die Tabelle eintragen?

Fußball - Analyse - Camping - Schaukel - Malheur - Reaktion - Urwald - Figur - Jounalist - Tier - Thema - Seife - Saison - Courage - Portion - Glanz - System - Sieg - Export - Verteuerung - Ingenieur - Physik - fand - Jeans - Topf - Fairness - Montage - Apotheke - Fortsetzung - Information - Mailbox - packen - Phase - Route - leasen - Rose - Strophe - Container - Fuhrwerk - Diktatur - Bund - Bandage

griechisch	lateinisch	französisch	englisch

So kann ich Fremdwörter erkennen:

1. Abweichende ______________ (Wort wird anders gesprochen als geschrieben, z. B. Jeans, Tourist)
2. Bestimmte __________________ am Anfang oder Ende des Wortes
   Vorsilben: _____, _____, _____, _____, _____; Endungen: _____, _____, _____, _____, _____
3. Bestimmte __________________ (c, y) und Buchstabenverbindungen (ch, _____, _____, _____, Sh)

RS	Name: ____________________	Datum: ____________

Fremdwörter und ihre Herkunft

In der deutschen Sprache gibt es auch Wörter, die aus anderen Sprachen übernommen wurden. Diese Wörter, die ihre andersartige (fremde) Schreibweise und Aussprache weitgehend beibehalten haben, werden als Fremdwörter bezeichnet.
Fremdwörter sind internationale Fachwörter, die in vielen Sprachen fast gleich lauten und das Gleiche bedeuten. Man kann sie meist an Wortteilen erkennen.

Beispiele:

- Wörter mit **ph** (wie f gesprochen), **th** (wie t) oder **y** (wie ü) entstammen dem **Griechischen**, z. B. Philosophie, Phase, Theater, Mathematik, anonym, Symbol.
- Wörter mit der Vorsilbe **ex-** und den Endungen **-ion** und **-ur** kommen aus dem **Lateinischen**, z. B. Existenz, Export, Funktion, Fusion, Natur, Kultur.
- Wörter mit den Endungen **-age** (wie -asche gesprochen), **ou** (wie u) und **-eur** (-ör) kommen aus dem **Französischen**, z. B. Blamage, Garage, Tour, Cousin, Friseur, Masseur.
- Wörter mit **ai** (wie ä gesprochen), **ea** (wie i) oder **c** (wie k) wurden aus dem **Englischen** übernommen, z. B. fair, Trainer, Team, Beat, Comic, Computer.

Welche der folgenden Fremdwörter erkennst du an Wortteilen und kannst sie deshalb entsprechend ihrer Herkunft unten in die Tabelle eintragen?

Fußball - Analyse - Camping - Schaukel - Malheur - Reaktion - Urwald - Figur - Jounalist - Tier - Thema - Seife - Saison - Courage - Portion - Glanz - System - Sieg - Export - Verteuerung - Ingenieur - Physik - fand - Jeans - Topf - Fairness - Montage - Apotheke - Fortsetzung - Information - Mailbox - packen - Phase - Route - leasen - Rose - Strophe - Container - Fuhrwerk - Diktatur - Bund - Bandage

griechisch	lateinisch	französisch	englisch
Analyse	**Reaktion**	**Malheur**	**Camping**
Thema	**Figur**	**Journalist**	**Saison**
System	**Portion**	**Courage**	**Jeans**
Physik	**Export**	**Ingenieur**	**Fairness**
Apotheke	**Information**	**Montage**	**Mailbox**
Phase	**Expansion**	**Route**	**leasen**
Strophe	**Diktatur**	**Bandage**	**Container**

So kann ich Fremdwörter erkennen:

1. Abweichende **Aussprache** (Wort wird anders gesprochen als geschrieben, z. B. Jeans, Tourist)
2. Bestimmte **Wortbausteine** am Anfang oder Ende des Wortes
   Vorsilben: **dis-**, **ex-**, **in-**, **kon-**, **prä-**; Endungen: **-ion**, **-age**, **-eur**, **-ur**, **-ieren**
3. Bestimmte **Buchstaben** (c, y) und Buchstabenverbindungen (ch, **ph**, **th**, **ou**, Sh)

RS	Name: ______________________	Datum: ______________

Aussprache und Schreibweise Fremdwörtern

Schreibung mit	gesprochen wie (Herkunftsland)	Beispiel	weitere Wörter
a	ä (engl.)	happy	
ai	ä (engl.)	Training	
au, eau	o (franz.)	Sauce	
Cc	k (engl.)	Computer	
Ch	k (griech.)	Chaos	
Ch	sch (franz.)	Chance	
	dsch (engl.)	Chip	
g (vor e/i)	sch (franz.)	Genie	
eu	ö (franz.)	Ingenieur	
ea	i (engl.)	Jeans	
ee	i (engl.)	Teenager	
i	ei (engl.)	Online	
ier	je (franz.)	Hotelier	
j	dsch (engl.)	Job	
ll (nach i)	lj (franz.)	Medaille	
oi	oa (franz.)	Toilette	
oo	u (engl.)	Boom	
ou	u (franz.)	Souvenir	
ow	au (engl.)	Clown	
sh	sch (engl.)	Shirt	
ti (t vor i)	zi (lat.)	Nation	
v	w (lat./franz.)	Vase	
y	i (engl.)	Baby	
y	ü (griech.)	Analyse	

Trage zu den oben in der Tabelle angegebenen Beispielen jeweils ein weiteres aus dem Kästchen unten ein. Suche dann noch nach und nach andere passende Fremdwörter!

Charakter - Hobby - Jogging - Aktion - Team - Trottoir - Milieu - charmant - fair - Regie - Portier - Taille - Villa - Asyl - Comic - Show - Pipeline - Fan - Chauffeur - Spleen - Football - Tour - Cowboy - Checkliste

Trage auch die folgenden Wörter oben ein.

Gag - Manager - Beat - Jet - cool - Patient - Physik - cash - Memoiren - Atelier - Monteur - Jeep - Bataillon - Rowdy - Party - Hotline - Saison - Clou - nervös - Chaussee - Clown - Chor - Chanson - Sandwich

Ergänze mit Hilfe des Wörterbuches die Liste der Wörter mit C (wie k), Ch (wie k) und Ch (wie sch).

RS	Name: ______________________	Datum: ______________

Aussprache und Schreibweise Fremdwörtern

Schreibung mit	gesprochen wie (Herkunftsland)	Beispiel	weitere Wörter
a	ä (engl.)	happy	**Fan, Gag,** Clan, Catch, Band, Laptop
ai	ä (engl.)	Training	**fair, Saison,** Airbag, Hair, Mailbox, Flair
au, eau	o (franz.)	Sauce	**Chauffeur, Chaussee,** Niveau, Haute Couture
Cc	k (engl.)	Computer	**Comic, Clown,** Camping, Caravan, Container, Cup Code, Cousin, Cape, Cartoon, cash
Ch	k (griech.)	Chaos	**Charakter, Chor,** Chamäleon, Chemie, Chlor, Chronik, Chrom, Christ, Charisma, Choleriker
Ch	sch (franz.)	Chance	**charmant, Chanson,** chic, Chef, Chauffeur, Chiffre
	dsch (engl.)	Chip	**Checkliste, Sandwich,** chartern, Trenchcoat, Lunch
g (vor e/i)	sch (franz.)	Genie	**Regie, Manager,** Blamage, Gage, Etage, Garage
eu	ö (franz.)	Ingenieur	**Milieu, Monteur,** Kontrolleur, Dompteur, Friseur
ea	i (engl.)	Jeans	**Team, Beat,** Beagle, Beach, Deal, Leasing
ee	i (engl.)	Teenager	**Spleen, Jeep,** Beefsteak, Weekend, Teenager
i	ei (engl.)	Online	**Pipeline, Hotline,** Hardliner, Bike, Hi-Fi-Anlage
ier	je (franz.)	Hotelier	**Portier, Atelier,** Metier, Premierminister
j	dsch (engl.)	Job	**Jogging, Jet,** Joker, Jeep, Joule, Jeans, Jazz
ll (nach i)	lj (franz.)	Medaille	**Taille, Bataillon,** Pavillon, Kanaille, Postillon
oi	oa (franz.)	Toilette	**Trottoir, Memoiren,** Soiree, Croissant, Coiffeur
oo	u (engl.)	Boom	**Football, cool,** Swimmingpool, Shampoo, Cartoon
ou	u (franz.)	Souvenir	**Tour, Clou,** Nougat, Cousine, Cousin, Boutique
ow	au (engl.)	Clown	**Cowboy, Rowdy,** Power, Tower, down
sh	sch (engl.)	Shirt	**Show, cash,** Shorts, Sheriff, Shop, Finish, T-Shirt
ti (t vor i)	zi (lat.)	Nation	**Aktion, Patient,** Ration, Fraktion, Portion
v	w (lat./franz.)	Vase	**Villa, nervös,** Vene, Venus, variieren, Vokal, Verb
y	i (engl.)	Baby	**Hobby, Party,** Penny, Handy, Teeny, Pony, happy
y	ü (griech.)	Analyse	**Asyl, Physik,** Psyche, Synthese, Mythos, Symbol

Trage zu den oben in der Tabelle angegebenen Beispielen jeweils ein weiteres aus dem Kästchen unten ein. Suche dann noch nach und nach andere passende Fremdwörter!

> Charakter - Hobby - Jogging - Aktion - Team - Trottoir - Milieu - charmant - fair - Regie - Portier - Taille - Villa - Asyl - Comic - Show - Pipeline - Fan - Chauffeur - Spleen - Football - Tour - Cowboy - Checkliste

Trage auch die folgenden Wörter oben ein.

> Gag - Manager - Beat - Jet - cool - Patient - Physik - cash - Memoiren - Atelier - Monteur - Jeep - Bataillon - Rowdy - Party - Hotline - Saison - Clou - nervös - Chaussee - Clown - Chor - Chanson - Sandwich

Ergänze mit Hilfe des Wörterbuches die Liste der Wörter mit C (wie k), Ch (wie k) und Ch (wie sch).

RS	Name: ______________________	Datum: ______________	

Der i-Laut in Fremdwörtern

Du kennst bereits die Regel bei den deutschen Wörtern

- Das lang gesprochene **i** wird meist mit **ie** geschrieben (i ➪ ie).

Bei den Fremdwörtern ist es genau umgekehrt.

- Das lang gesprochenes i wird meist nur mit **i** geschrieben (i ≠ ie ➪ i).

Vervollständige die Wörter.

T__tel - m__nus - El__te - R__s__ko - V__rus - M__krofon - Kr__se - Intr__ge - Ch__na - Kl__ma - Pol__zei - K__lo - K__no - B__bel - Fam__lie - L__nie - L__ter - Z__trone - Vitr__ne

Besonders die folgenden Endungen bei Fremdwörtern werden nur mit i geschrieben.

-ik		-il	-in	

-ine	-it	-iv/-ive		-iz

Wie heißen bei den folgenden Wörtern die Endungen? Vervollständige jeweils das Wort und trage es oben in die Tabelle ein.

Margar____ - Fabr__ - Kred__ - Benz__ - posit__ - Just__ - Nikot__ - Lokomot____ - Prof__ - akt__ - stab__ - Ind__ - Kam__ - Term__ - Masch____ - mob__ - Mot__ - Polit__ - primit__ - Law____ - Vent__ - Band__ - Dat__ - Not__ - Krit__ - Vitam__ - Diszipl__

Fremdwörter mit ie, -ier, -ieren

Haben Fremdwörter jedoch am **Wortende** ein lang betontes i, dann werden sie meist mit **-ie** geschrieben, z. B. Energie. Betontes i am Fremdwortschluss, man mit **ie** schreiben muss. Dazu gehören auch die Endungen **-ier** und **-ieren** (sehr häufig bei Verben). Beispiele: Turnier, Papier, probieren, frisieren.

Wörterbastler

Setze aus den Wortteilen möglichst viele Wörter zusammen und trage sie in die Tabelle ein.

depo
ge
ko
ku
lo
pa
po
re
vi

g
l
n
p
r
s
v

ie

ier

ieren

-ie	-ier	-ieren	

Nur am Wortende wird das lange i mit **ie** geschrieben. Dazu gehören auch die Endungen **-ier** und **-ieren**. Im Wort (z. B. Bibel) und allen anderen Endungen nur **i** (-ik, -il, -in[e], -[t]ion, -it, -iv[e], -iz).

RS Name: ______________________ Datum: ______________

Der i-Laut in Fremdwörtern

Du kennst bereits die Regel bei den deutschen Wörtern

- Das lang gesprochene **i** wird meist mit **ie** geschrieben (i ➪ ie).

Bei den Fremdwörtern ist es genau umgekehrt.

- Das lang gesprochenes i wird meist nur mit **i** geschrieben (i ≠ ie ➪ i).

Vervollständige die Wörter.

T_i_tel - m_i_nus - El_i_te - R_i_s_i_ko - V_i_rus - M_i_krofon - Kr_i_se - Intr_i_ge - Ch_i_na - Kl_i_ma - Pol_i_zei - K_i_lo - K_i_no - B_i_bel - Fam_i_lie - L_i_nie - L_i_ter - Z_i_trone - Vitr_i_ne

Besonders die folgenden Endungen bei Fremdwörtern werden nur mit i geschrieben.

-ik		-il	-in	
Fabrik	**Gestik**	**stabil**	**Benzin**	**Nikotin**
Politik	**Statistik**	**mobil**	**Termin**	**Kamin**
Kritik	**Logik**	**Ventil**	**Disziplin**	**Vitamin**

-ine	-it	-iv/-ive		-iz
Margarine	**Kredit**	**positiv**	**aktiv**	**Justiz**
Maschine	**Bandit**	**Motiv**	**Lokomotive**	**Indiz**
Lawine	**Profit**	**Dativ**	**primitiv**	**Notiz**

Wie heißen bei den folgenden Wörtern die Endungen? Vervollständige jeweils das Wort und trage es oben in die Tabelle ein.

Margar**ine** - Fabr**ik** - Kred**it** - Benz**in** - posit**iv** - Just**iz** - Nikot**in** - Lokomot**ive** - Prof**it** - akt**iv** - stab**il** - Ind**iz** - Kam**in** - Term**in** - Masch**ine** - mob**il** - Mot**iv** - Polit**ik** - primit**iv** - Law**ine** - Vent**il** - Band**it** - Dat**iv** - Not**iz** - Krit**ik** - Vitam**in** - Diszipl**in**

Fremdwörter mit ie, -ier, -ieren

Haben Fremdwörter jedoch am **Wortende** ein lang betontes i, dann werden sie meist mit **-ie** geschrieben, z. B. Energie. Betontes i am Fremdwortschluss, man mit **ie** schreiben muss. Dazu gehören auch die Endungen **-ier** und **-ieren** (sehr häufig bei Verben). Beispiele: Turnier, Papier, probieren, frisieren.

Wörterbastler

Setze aus den Wortteilen möglichst viele Wörter zusammen und trage sie in die Tabelle ein.

depo, ge, ko, ku, lo, pa, po, re, vi

g, l, n, p, r, s, v

ie

ier

ieren

-ie	-ier	-ieren	
Deponie	**Kurier**	**deponieren**	**regieren**
Genie	**Revier**	**genieren**	**polieren**
Kopie	**Polier**	**kopieren**	**visieren**
Logie	**Visier**	**kurieren**	
Regie	**Papier**	**logieren**	

Nur am Wortende wird das lange i mit **ie** geschrieben. Dazu gehören auch die Endungen **-ier** und **-ieren**. Im Wort (z. B. Bibel) und allen anderen Endungen nur **i** (-ik, -il, -in[e], -[t]ion, -it, -iv[e], -iz).

RS Name: ____________________ Datum: ____________

Fremdwörter mit Vv

❶ Wörter gesucht

→

❶ __ __ __ __ __

❷ __ __ __ __ __ __

❸ __ __ __ __

❹ __ __ __ __ __ __ __

❺ __ __ __ __ __

Lösungswort: ☐

↓ ❶ ❷ ❸ ❹ ❺

Lösungswort: ☐

1. Größeres, herrschaftliches Haus
2. Bezirk, Tätigkeitsfeld
3. Blutader
4. Rauminhalt eines Körpers
5. Einreiseerlaubnis (z. B. nach Ägypten)

1. Reizleitungen des Körpers
2. Krankheitserreger
3. Teil am Reifen des Fahrrads
4. Blumengefäß
5. Feuer speiender Berg

Beachte die Aussprache. Wie wird das Vv bei den meisten Fremdwörtern oben ausgesprochen?
Vv wird wie _______ gesprochen.

❷ Wörterversteck (⇄ ↓↑)

~~L~~	~~A~~	~~T~~	~~I~~	~~V~~	R	E	B	M	E	V	O	N
V	V	K	U	R	V	E	V	A	G	E	L	V
E	V	E	T	O	V	I	S	I	E	R	E	O
N	E	G	V	I	T	R	I	N	E	E	B	L
T	T	E	S	A	V	A	T	N	T	V	A	U
I	I	V	I	D	E	O	O	E	L	E	K	M
L	N	I	M	A	T	I	V	R	O	N	O	E
V	I	S	U	E	L	L	N	V	V	E	V	N

Suche die Fremdwörter. Du findest sie von links nach rechts, von rechts nach links, von oben nach unten und umgekehrt. Wichtig: Ein Wort bleibt übrig.

Lösungswort: ☐

❸ Wörterking

Finde mit den angegebenen 13 Buchstaben möglichst viele Wörter mit Vv. Ein Buchstabe kann mehrmals verwendet werden. Wie viele schaffst du?

		s		
	i	o	n	
u	e	**v**	l	k
	r	t	a	
		b		

deutsche Wörter	Fremdwörter

Bei Fremdwörtern wird das **Vv** meist wie **Ww** ausgesprochen, der w-Laut wird also meist mit v geschrieben. Bei der Endung -iv wird jedoch das v wie f gesprochen.

RS	Name: ____________________	Datum: ____________

Fremdwörter mit Vv

❶ Wörter gesucht

→

❶				V	I	L	L	A
❷			R	E	V	I	E	R
❸		V	E	N	E			
❹	V	O	L	U	M	E	N	
❺		V	I	S	U	M		

Lösungswort: **VENUS**

1. Größeres, herrschaftliches Haus
2. Bezirk, Tätigkeitsfeld
3. Blutader
4. Rauminhalt eines Körpers
5. Einreiseerlaubnis (z. B. nach Ägypten)

↓

❶	❷	❸	❹	❺
N		V		
E		E		V
R	V	N	V	U
V	I	T	A	L
E	R	I	S	K
N	U	L	E	A
	S			N

Lösungswort: **VITAL**

1. Reizleitungen des Körpers
2. Krankheitserreger
3. Teil am Reifen des Fahrrads
4. Blumengefäß
5. Feuer speiender Berg

Beachte die Aussprache. Wie wird das Vv bei den meisten Fremdwörtern oben ausgesprochen?
Vv wird wie **Ww** gesprochen.

❷ Wörterversteck (⇄ ↓↑)

~~L~~	~~A~~	~~T~~	~~I~~	~~V~~	R	E	B	M	E	V	O	N
V	V	K	U	R	V	E	V	A	G	E	L	V
E	V	E	T	O	V	I	S	I	E	R	E	O
N	E	G	V	I	T	R	I	N	E	E	B	L
T	T	E	S	A	V	A	T	N	T	V	A	U
I	I	V	I	D	E	O	O	E	L	E	K	M
L	N	I	M	A	T	I	V	R	O	N	O	E
V	I	S	U	E	L	L	N	V	V	E	V	N

Suche die Fremdwörter. Du findest sie von links nach rechts, von rechts nach links, von oben nach unten und umgekehrt. Wichtig: Ein Wort bleibt übrig.

Kurve	**Ventil**	**Vitamin**
Nerv	**Veto**	**Vitrine**
November	**Video**	**Vokabel**
vage	**Visier**	**Volumen**
Vase	**visuell**	**Volt**
Vene	**vital**	

Lösungswort: **VEGETATION**

❸ Wörterking

Finde mit den angegebenen 13 Buchstaben möglichst viele Wörter mit Vv. Ein Buchstabe kann mehrmals verwendet werden. Wie viele schaffst du?

		s		
	i	o	n	
u	e	**v**	l	k
	r	t	a	
		b		

deutsche Wörter		Fremdwörter		
von	**voran**	**vital**	**Villa**	**Virus**
vor	**vorab**	**Vitrine**	**Violine**	**Vikar**
viel	**voraus**	**Ventil**	**Nerv**	**Visier**
vier	**brav**	**Vene**	**Vulkan**	**variabel**
vorn		**Vision**	**Vokal**	**Vokabel**
Volk		**Veto**	**vibrieren**	**Volt**
voll		**Kurve**	**Visum**	**Verb**

Bei Fremdwörtern wird das **Vv** meist wie **Ww** ausgesprochen, der w-Laut wird also meist mit v geschrieben. Bei der Endung -iv wird jedoch das v wie f gesprochen.

Wörter mit Ph/ph und Th/th

❶ Wörter gesucht

Schauspielhaus	_ _ _ _ _ _ _
Arzneimittelgeschäft	_ _ _ _ _ _ _ _
Gegenteil zu Praxis	_ _ _ _ _ _ _
Tanzlokak	_ _ _ _ _ _ _ _ _
Irrgarten	_ _ _ _ _ _ _ _ _
Gedichtabschnitt	_ _ _ _ _ _ _
Schulfach	_ _ _ _ _ _
Trugbild	_ _ _ _ _ _ _
Schweres Unglück	_ _ _ _ _ _ _ _ _ _ _
Abschnitt	_ _ _ _ _
Denker	_ _ _ _ _ _ _ _ _

❷ Zwei Schreibweisen

Diese zwei Wörter schreibt man auch ohne **h**. Notiere beide Schreibweisen.

t a P n e r ______________

f c n i T h s u ______________

❸ Silbensalat

Diese Wörter schreibt man meist nur mit **F/f**.

fon - le - Te ______________

kro - Mi - fon ______________

to - ko - Fo - pie ______________

gra - Fo - fie - to ______________

fin - Del - fik - Gra ______________

ta - Fan - sie ______________

❹ Trage alle Ph/ph und Th/th in die Tabelle ein. Ergänze diese nach und nach.

Ph/ph	Th/th

Wörter mit Y/y

❶ Wörter gesucht

Finde jeweils noch ein verwandtes oder zusammengesetztes Wort.

Schulfach	_ _ _ _ _ _	______________
Wiederverwertung von Müll	_ _ _ _ _ _ _ _ _	______________
Grabmal ägyptischer Könige	_ _ _ _ _ _ _ _	______________
Zwangloses, privates Fest	_ _ _ _ _	______________
Weiterführende Schule	_ _ _ _ _ _ _ _ _	______________
Gleichmäßige Folge	_ _ _ _ _ _ _ _	______________
Zusammenfügung	_ _ _ _ _ _ _ _	______________
Gesundheitslehre	_ _ _ _ _ _ _	______________
Stofftier	_ _ _ _ _	______________

❷ Knackst du die Nüsse?

______________ ______________ ______________ ______________ ______________ ______________

❸ Wörter mit Y. Davon gibt es nur wenige. Ordne alle y-Wörter nach und nach in die Tabelle ein.

y im Wort	y am Wortende	Besonders schwierig: Rh/th + y

Wörter mit Ph/ph und Th/th

❶ Wörter gesucht

Schauspielhaus	T H E A [T] E R
Arzneimittelgeschäft	A P O T [H] E K E
Gegenteil zu Praxis	T H E O [R] I E
Tanzlokak	D I S K [O] T H E K
Irrgarten	L A B Y R I [N] T H
Gedichtabschnitt	S T R O [P] H E
Schulfach	P [H] Y S I K
Trugbild	P H [A] N T O M
Schweres Unglück	K A T A S T [R] O P H E
Abschnitt	P H [A] S E
Denker	P H I L [O] S O P H

❷ Zwei Schreibweisen

Diese zwei Wörter schreibt man auch ohne **h**. Notiere beide Schreibweisen.

t a P n e r	**Panter / Panther**
f c n i T h s u	**Tunfisch / Thunfisch**

❸ Silbensalat

Diese Wörter schreibt man meist nur mit **F/f**.

fon - le - Te	**Telefon**
kro - Mi - fon	**Mikrofon**
to - ko - Fo - pie	**Fotokopie**
gra - Fo - fie - to	**Fotografie**
fin - Del - fik - Gra	**Delfin, Grafik**
ta - Fan - sie	**Fantasie**

❹ Trage alle Ph/ph und Th/th in die Tabelle ein. Ergänze diese nach und nach.

Ph/ph	Th/th
Physik, Philosophie, Phase, Phantom,	**Theater, Thema, Theke, These, Theorie,**
Phlegma, Pharao	**Thron, Thermometer, Theologe**
Strophe, Katastrophe, Atmosphäre, Triumph	**Apotheke, Athlet, Mathematik, Diskothek,**
	Methode

Wörter mit Y/y

❶ Wörter gesucht

Finde jeweils noch ein verwandtes oder zusammengesetztes Wort.

Schulfach	P H Y [S] I K	**Atomphysik, physikalisch**
Wiederverwertung von Müll	R E C [Y] C L I N G	**Recyclingpapier, recyceln**
Grabmal ägyptischer Könige	P Y R A [M] I D E	**Cheopspyramide**
Zwangloses, privates Fest	[P] A R T Y	**Geburtstagsparty**
Weiterführende Schule	G Y M N [A] S I U M	**Realgymnasium, Gymnasiast**
Gleichmäßige Folge	R H Y [T] H M U S	**Jazzrhythmus, rhythmisch**
Zusammenfügung	S Y N T [H] E S E	**Synthesizer, synthetisch**
Gesundheitslehre	H Y G [I] E N E	**hygienisch**
Stofftier	T [E] D D Y	**Teddybär**

❷ Knackst du die Nüsse?

Sympathie | **Pyramide** | **System** | **Symbol** | **Synthese** | **Rhythmus**

❸ Wörter mit Y. Davon gibt es nur wenige. Ordne alle y-Wörter nach und nach in die Tabelle ein.

y im Wort	y am Wortende	Besonders schwierig: Rh/th + y
Physik, Gymnastik, Mystik,	**Hobby, Handy, Teddy, Baby,**	**Sympathie, Synthese,**
Gymnasium, Recycling	**Pony, Party**	**Rhythmus, Labyrinth**

RS Name: ______________________ Datum: ______________

Wortbausteine am Wortanfang von Fremdwörtern

Anfangs-baustein	Bedeutung	Beispiele
a-/ab-	nicht, weg	anormal,
ad-	zu	Addition,
anti-	gegen, wider, nicht	Antipathie,
auto-	selbst, eigen	Autogramm,
bio-	Leben	Biologie,
de(s)-	negativ, nicht	deformieren,
dia-	durch, quer	diagonal,
dis-	nicht, schlecht	disqualifizieren,
ex-	aus, heraus	Exil,
im-/in-	in, hinein	Injektion,
inter-	zwischen, zusammen	Interesse,
ko-/kom-	zusammen, mit	Kombination,
kon-	zusammen, mit	Konferenz,
mikro-	sehr klein	Mikrochip,
mono-	ein, allein	Monopol,
multi-	viel, vielfach	multikulturell,
prä-	vor, voraus	präparieren,
pro-	für, vor	Produkt,
re-	zurück, neu, wieder	Reaktion,
sub-	unter	Subjekt,
super-	über, äußerst	Superlativ,
sym/syn-	gleich, gemeinsam	Sympathie,
tra-/trans-	jenseits, hinüber	Transport,
uni-	ein, einzig	Unikat,
tele-	fern, weit	Telefax,

Fremdwörter erkennt man oft an bestimmten Wortbausteinen, die immer am **Anfang** des Wortes stehen.

Trage oben in die Tabelle ein zweites Beispiel ein.

Export - Subvention - Telefon - abnorm - Kompromiss - Präposition - Unikum - Adverb - Diagnose - Import - Mikroskop - Supermarkt - monoton - international - degradieren - Kontakt - Pronomen - Tradition - automatisch - Disharmonie - Synthese - reparieren - Multiplikation - Biogas - antiautoritär

Trage auch folgende Wörter oben ein:

Konflikt - Substanz - Television - Programm - Multimedia - Infekt - autonom - absolut - Supernova - Präsident - Explosion - Biografie - Diskrepanz - Union - regenerieren - Monokultur - Transaktion - Adjektiv - Diagramm - Intercity - Symbol - Mikrokosmos - Antialkoholiker - deinteressiert - Kooperation

Ergänze die Tabelle nach und nach mit entsprechenden Fremdwörtern.

RS	Name:	Datum:

Wortbausteine am Wortanfang von Fremdwörtern

Anfangs-baustein	Bedeutung	Beispiele
a-/ab-	nicht, weg	anormal, **abnorm - absolut**, anonym, abstrakt
ad-	zu	Addition, **Adverb - Adjektiv**, Advent, Adoption
anti-	gegen, wider, nicht	Antipathie, **antiautoritär - Antialkoholiker**, Antifaschist
auto-	selbst, eigen	Autogramm, **automatisch - autonom**, Autofokus, Autodidakt
bio-	Leben	Biologie, **Biogas - Biografie**, Biotop, Biontik, biologisch
de(s)-	negativ, nicht	deformieren, **degradieren - desinteressiert**, dekadent
dia-	durch, quer	diagonal, **Diagnose - Diagramm**, Dialog, Diapositiv
dis-	nicht, schlecht	disqualifizieren, **Disharmonie - Diskrepanz**, Dissonanz
ex-	aus, heraus	Exil, **Export - Explosion**, Experte, Experiment, exzellent
im-/in-	in, hinein	Injektion, **Import - Infekt**, Input, Impuls, Indiz, Indikation
inter-	zwischen, zusammen	Interesse, **international - Intercity**, Intervall, interaktiv
ko-/kom-	zusammen, mit	Kombination, **Kompromiss - Kooperation**, Komfort, Koalition
kon-	zusammen, mit	Konferenz, **Kontakt - Konflikt**, Konjunktur, Konjunktiv
mikro-	sehr klein	Mikrochip, **Mikroskop - Mikrokosmos**, Mikrofilm, Mikrobe
mono-	ein, allein	Monopol, **monoton - Monokultur**, Monolog, monogam
multi-	viel, vielfach	multikulturell, **Multiplikation - Multimedia**, Multimillionär
prä-	vor, voraus	präparieren, **Präposition, Präsident**, Prädikat, Präparat
pro-	für, vor	Produkt, **Pronomen - Programm**, Prospekt, Prolog
re-	zurück, neu, wieder	Reaktion, **reparieren - regenerieren**, Resignation, Reduktion
sub-	unter	Subjekt, **Subvention - Substanz**, Subtraktion, Substitution
super-	über, äußerst	Superlativ, **Supermarkt - Superstar**, Super-GAU
sym/syn-	gleich, gemeinsam	Sympathie, **Synthese - Symbol**, Symptom, synchron
tra-/trans-	jenseits, hinüber	Transport, **Tradition - Transaktion**, Transfer, Transparent
uni-	ein, einzig	Unikat, **Unikum - Union**, Universum, Universität, Uniform
tele-	fern, weit	Telefax, **Telefon - Television**, Teleskop, telegen, Teleobjektiv

Fremdwörter erkennt man oft an bestimmten Wortbausteinen, die immer am **Anfang** des Wortes stehen.

Trage oben in die Tabelle ein zweites Beispiel ein.

Export - Subvention - Telefon - abnorm - Kompromiss - Präposition - Unikum - Adverb - Diagnose - Import - Mikroskop - Supermarkt - monoton - international - degradieren - Kontakt - Pronomen - Tradition - automatisch - Disharmonie - Synthese - reparieren - Multiplikation - Biogas - antiautoritär

Trage auch folgende Wörter oben ein:

Konflikt - Substanz - Television - Programm - Multimedia - Infekt - autonom - absolut - Supernova - Präsident - Explosion - Biografie - Diskrepanz - Union - regenerieren - Monokultur - Transaktion - Adjektiv - Diagramm - Intercity - Symbol - Mikrokosmos - Antialkoholiker - desinteressiert - Kooperation

Ergänze die Tabelle nach und nach mit entsprechenden Fremdwörtern.

RS	Name: ______________________	Datum: ______________	

Wichtige Anfangsbausteine bei Fremdwörtern

Finde jeweils zu dem Fremdwort den Anfangsbaustein und trage es unten in die Tabelle ein. Schreibe dann hinter das Fremdwort die deutsche Bedeutung. Du findest sie im Kästchen darunter.

Pro paganda Werbung
______flikt ______________
______duzieren ______________
______perte ______________
______puls ______________
______sequenz ______________
______gramm ______________
______pansion ______________
______form ______________
______halieren ______________

______periment ______________
______struieren ______________
______cycling ______________
______human ______________
______minent ______________
______istieren ______________
______diz ______________
______novieren ______________
______visorisch ______________
______form ______________

~~Werbung~~ - einatmen - berühmt - Fachmann - Folgerung - Versuch - vermindern - Ausdehnung - Zwiespalt/Streit - unmenschlich - Anzeichen/Hinweis - Ablauf - erneuern - entwerfen - Umgestaltung - bestehen - Wiederverwertung - übereinstimmend - behelfsmäßig - Anregung/Anstoß

Ex-/ex-	In-/in-	Kon-/kon-	Pro-/pro-	Re-/re-

Arbeite mit deinem Wörterbuch und löse folgende Aufgaben:
Welche Wortteile passen zu den unten angegebenen Anfangsbausteinen? Finde jeweils noch ein verwandtes Wort.

Dis kussion, diskutieren
Dis______, ______
Dis______, ______

Ex______, ______
Ex______, ______
Ex______, ______

Inter______, ______
inter______, ______
inter______, ______

Kon______, ______
Kon______, ______
kon______, ______

Pro______, ______
pro______, ______
pro______, ______

Re______, ______
Re______, ______
re______, ______

-duktiv -essant -junktur -kurrenz ~~-kussion~~ -minent -novieren -pansion -paratur -plosion -port -pretieren -sultat -tanz -tokoll -view -zentriert -ziplin

RS Name: ____________________ Datum: ____________________

Wichtige Anfangsbausteine bei Fremdwörtern

Finde jeweils zu dem Fremdwort den Anfangsbaustein und trage es unten in die Tabelle ein. Schreibe dann hinter das Fremdwort die deutsche Bedeutung. Du findest sie im Kästchen darunter.

Pro	paganda	Werbung
Kon	flikt	**Zwiespalt/Streit**
re	duzieren	**vermindern**
Ex	perte	**Fachmann**
Im	puls	**Anregung/Anstoß**
Kon	sequenz	**Folgerung**
Pro	gramm	**Ablauf**
Ex	pansion	**Ausdehnung**
kon	form	**übereinstimmend**
in	halieren	**einatmen**
Ex	periment	**Versuch**
kon	struieren	**entwerfen**
Re	cycling	**Wiederverwertung**
in	human	**unmenschlich**
pro	minent	**berühmt**
ex	istieren	**bestehen**
In	diz	**Anzeichen/Hinweis**
re	novieren	**erneuern**
pro	visorisch	**behelfsmäßig**
Re	form	**Umgestaltung**

~~Werbung~~ - ~~einatmen~~ - ~~berühmt~~ - ~~Fachmann~~ - ~~Folgerung~~ - ~~Versuch~~ - ~~vermindern~~ - ~~Ausdehnung~~ - ~~Zwiespalt/Streit~~ - ~~unmenschlich~~ - ~~Anzeichen/Hinweis~~ - ~~Ablauf~~ - ~~erneuern~~ - ~~entwerfen~~ - ~~Umgestaltung~~ - ~~bestehen~~ - ~~Wiederverwertung~~ - ~~übereinstimmend~~ - ~~behelfsmäßig~~ - ~~Anregung/Anstoß~~

Ex-/ex-	In-/in-	Kon-/kon-	Pro-/pro-	Re-/re-
Experte	**Impuls**	**Konflikt**	**Propaganda**	**Reform**
Expansion	**inhalieren**	**konform**	**Programm**	**reduzieren**
Experiment	**inhuman**	**konstruieren**	**prominent**	**Recycling**
existieren	**Indiz**	**Konsequenz**	**provisorisch**	**renovieren**

Arbeite mit deinem Wörterbuch und löse folgende Aufgaben:
Welche Wortteile passen zu den unten angegebenen Anfangsbausteinen? Finde jeweils noch ein verwandtes Wort.

Dis	kussion	diskutieren
Dis	**tanz**	**distanzieren**
Dis	**ziplin**	**diszipliniert**
Ex	**pansion**	**expandieren**
Ex	**plosion**	**explodieren**
Ex	**port**	**exportieren**
Inter	**view**	**interviewen**
inter	**pretieren**	**Interpretation**
inter	**essant**	**Interesse**
Kon	**junktur**	**konjunkturell**
Kon	**kurrenz**	**konkurrieren**
kon	**zentriert**	**Konzentration**
Pro	**tokoll**	**protokollieren**
pro	**minent**	**Prominenz**
pro	**duktiv**	**Produktion**
Re	**paratur**	**reparieren**
Re	**sultat**	**resultieren**
re	**novieren**	**Renovierung**

~~-duktiv~~ ~~-essant~~ ~~-junktur~~ ~~-kurrenz~~ ~~-kussion~~ ~~-minent~~ ~~-novieren~~ ~~-pansion~~ ~~-paratur~~ ~~-plosion~~ ~~-port~~ ~~-pretieren~~ ~~-sultat~~ ~~-tanz~~ ~~-tokoll~~ ~~-view~~ ~~-zentriert~~ ~~-ziplin~~

RS	Name:	Datum:

Die wichtigsten Endbausteine bei Fremdwörtern

Endung	Beispiele
-abel	profitabel,
-ade	Olympiade,
-age [asche]	Garage,
-al/-ale	sozial,
-ant	Konsonant,
-är	Militär,
-at	Spinat,
-anz	Arroganz,
-ell/-iell	aktuell,
-ent	Patient,
-enz	Intelligenz,
-esse	Interesse,
-ett/-ette	Skelett,
-eur [ör]	Ingenieur,
-ie	Energie,
-ie [je]	Familie,
-ier	Klavier,
-ieren	probieren,
-ik/-ike	Fabrik,
-il	stabil,
-in, ine	Benzin,
-isch	automatisch,
-ismus	Optimismus,
-ist/-istin	Polizist,
-istik	Touristik,
-iv/-ive	intensiv,
-ma	Thema,
-or/-tor	Motor,
-tät	Qualität,
-thek(e)	Diskothek,
-tion [zion]	Information,
-ur/-tur	Natur,
-um	Datum,

Setze die folgenden Fremdwörter je nach ihrer Endung als zweites Beispiel in die Tabelle ein. Ergänze die Tabelle nach und nach mit entsprechenden Fremdwörtern.

intelligent - organisieren - Ventil - Realität - Kopie - Kritik - finanziell - Adresse - Personal - Distanz - Blamage - Offizier - Reaktion - komisch - Idealismus - Termin - Friseur - Konsequenz - Diskette - Jurist - Alternative - interessant - Statistik - Album - reparabel - Folie - Kultur - Doktor - Klima - Apotheke - Präparat - Promenade - Aktionär - Komma

Fremdwörter erkennt man oft an bestimmten Wortbausteinen, die am **Anfang** oder **Ende** eines Wortes stehen und immer gleich geschrieben werden.

RS	Name: ______________________	Datum: ______________

Die wichtigsten Endbausteine bei Fremdwörtern

Endung	Beispiele
-abel	profitabel, **reparabel** - *akzeptabel, variabel, praktikabel, diskutabel, transportabel*
-ade	Olympiade, **Promenade** - *Ballade, Fassade, Marmelade*
-age [asche]	Garage, **Blamage** - *Massage, Spionage, Montage, Bandage, Reportage*
-al/-ale	sozial, **Personal** - *General, liberal, banal, genial, Finale, brutal, oral, Lokal, Regal*
-ant	Konsonant, **interessant** - *Fabrikant, Musikant, brillant, vakant, brisant, galant*
-är	Militär, **Aktionär** - *Legionär, ordinär, Visionär, familiär, primär, sekundär, pekuniär*
-at	Spinat, **Präparat** - *Konsulat, akkurat, Apparat, parat, Diktat, Inserat, Plakat*
-anz	Arroganz, **Distanz** - *Eleganz, Allianz, Toleranz, Finanz, Bilanz, Kulanz, Ignoranz*
-ell/-iell	aktuell, **finanziell** - *prinzipiell, Duell, generell, rationell, sensationell, manuell, reell*
-ent	Patient, **intelligent** - *Produzent, eminent, resistent, horrent, konsequent, eloquent*
-enz	Intelligenz, **Konsequenz** - *Frequenz, Interferenz, Konferenz, Referenz, Eminenz*
-esse	Interesse, **Adresse** - *Finesse, Raffinesse, Delikatesse, Noblesse, Politesse*
-ett/-ette	Skelett, **Diskette** - *Ballett, kokett, brünett, Duett, Etikette, Quartett, Rosette*
-eur [ör]	Ingenieur, **Friseur** - *Malheur, Installateur, Akteur, Regisseur, Masseur*
-ie	Energie, **Kopie** - *Chemie, Biologie, Astronomie, Philosophie, Genie, Manie, Phobie*
-ie [je]	Familie, **Folie** - *Kastanie, Linie, Materie, Pinie, Geranie, Serie, Lappalie*
-ier	Klavier, **Offizier** - *Spalier, Manier, Barbier, Papier, Kurier, Quartier, Scharnier*
-ieren	probieren, **organisieren** - *explodieren, studieren, reparieren, operieren, agieren*
-ik/-ike	Fabrik, **Kritik** - *Hektik, Physik, Musik, Optik, Akustik, Mechanik, Technik, Antike*
-il	stabil, **Ventil** - *senil, subtil, labil, skurril, Reptil, Fossil, debil, fragil, infantil*
-in, ine	Benzin, **Termin** - *Kabine, feminin, maskulin, Medizin, Margarine, Turbine, Cousine*
-isch	automatisch, **komisch** - *logisch, optisch, methodisch, fantastisch, akribisch*
-ismus	Optimismus, **Idealismus** - *Organismus, Kommunismus, Hinduismus, Fanatismus*
-ist/-istin	Polizist, **Jurist** - *Organistin, Aktivist, Optimist, Pessimist, Kommunist, Buddhist*
-istik	Touristik, **Statistik** - *Logistik, Stilistik, Charakteristik, Publizistik, Journalistik*
-iv/-ive	intensiv, **Alternative** - *aktiv, intuitiv, naiv, progressiv, primitiv, Legislative, Judikative*
-ma	Thema, **Komma** - *Klima, Phlegma, Trauma, Dilemma, Asthma, Stigma, Sperma*
-or/-tor	Motor, **Doktor** - *Rotor, Professor, Monitor, Regulator, Animator, Generator, Labor*
-tät	Qualität, **Realität** - *Quantität, Universität, Aktivität, Majestät, Pietät, Genialität*
-thek(e)	Diskothek, **Apotheke** - *Videothek, Hypothek, Bibliothek, Vinothek, Kartothek*
-tion [zion]	Information, **Reaktion** - *Funktion, Fraktion, Demonstration, Operation, Portion*
-ur/-tur	Natur, **Kultur** - *Zensur, Rasur, Temperatur, Korrektur, Struktur, Diktatur, Frisur*
-um	Datum, **Album** - *Stadium, Publikum, Petroleum, Pensum, Plenum, Fixum, Quantum*

Setze die folgenden Fremdwörter je nach ihrer Endung als zweites Beispiel in die Tabelle ein. Ergänze die Tabelle nach und nach mit entsprechenden Fremdwörtern.

intelligent - organisieren - Ventil - Realität - Kopie - Kritik - finanziell - Adresse - Personal - Distanz - Blamage - Offizier - Reaktion - komisch - Idealismus - Termin - Friseur - Konsequenz - Diskette - Jurist - Alternative - interessant - Statistik - Album - reparabel - Folie - Kultur - Doktor - Klima - Apotheke - Präparat - Promenade - Aktionär - Komma

Fremdwörter erkennt man oft an bestimmten Wortbausteinen, die am **Anfang** oder **Ende** eines Wortes stehen und immer gleich geschrieben werden.

Fremdwörter mit den Endungen -age, -ie, -tion, -ieren

Viele Fremdwörter haben diese Endungen. Löse das Rätsel und schreibe jeweils noch das Verb dazu.

Einbildung(skraft)	fantasieren
Peinlichkeit, Bloßstellung	______
Übereinstimmung	______
Kneten des Körpers	______
Haltestelle	______
Chirurgischer Eingriff	______
Rechenaufgabe mit „+“	______
Vervielfältigung, Durchschrift	______
Zusammenbau, Aufbau	______

Untersuche die Wörter. Sie haben zwei Gemeinsamkeiten. Finde noch weitere Wörter.

Weibliche Nomen mit den Endungen -age	-ie	-tion	Verben mit der Endung -ieren	

Wichtige Endbausteine bei Fremdwörtern

Arbeite mit dem Wörterbuch und finde jeweils zu dem Fremdwort die Endung. Trage sie hinter den Wortstamm ein. Schreibe dann hinter das Fremdwort die deutsche Bedeutung, die im Kästchen unten steht.

-anz	-ismus	-tät	-ell	-isch
Instanz				

Inst anz:	zuständige Stelle	automat______:	______
Autori______:	______	Arrog______:	______
Dist______:	______	gener______:	______
sensation______:	______	energ______:	______
ident______:	______	Mentali______:	______
spezi______:	______	Fanat______:	______
Optim______:	______	Real______:	______
Mobili______:	______	virtu______:	______

blinde Begeisterung - Anmaßung - Denkweise - Zuversicht - Ansehen - besonders - Aufsehen erregend - Beweglichkeit - Abstand - allgemein - ein und dasselbe - selbstablaufend - Wirklichkeitsnähe - tatkräftig - nicht wirklich - ~~zuständige Stelle~~

Fremdwörter mit den Endungen -age, -ie, -tion, -ieren

Viele Fremdwörter haben diese Endungen. Löse das Rätsel und schreibe jeweils noch das Verb dazu.

Einbildung(skraft)		F	A	N	T	A	S	I	E			fantasieren
Peinlichkeit, Bloßstellung	B	L	A	M	A	G	E					**blamieren**
Übereinstimmung		H	A	R	M	O	N	I	E			**harmonieren**
Kneten des Körpers				M	A	S	S	A	G	E		**massieren**
Haltestelle					S	T	A	T	I	O	N	**stationieren**
Chirurgischer Eingriff		O	P	E	R	A	T	I	O	N		**operieren**
Rechenaufgabe mit „+“				A	D	D	I	T	I	O	N	**addieren**
Vervielfältigung, Durchschrift						K	O	P	I	E		**kopieren**
Zusammenbau, Aufbau					M	O	N	T	A	G	E	**montieren**

Untersuche die Wörter. Sie haben zwei Gemeinsamkeiten. Finde noch weitere Wörter.

Weibliche Nomen mit den Endungen -age	-ie	-tion	Verben mit der Endung -ieren	
Blamage	**Fantasie**	**Station**	**fantasieren**	**blamieren**
Massage	**Harmonie**	**Operation**	**harmonieren**	**massieren**
Montage	**Kopie**	**Addition**	**stationieren**	**operieren**
Bandage	**Kolonie**	**Sensation**	**addieren**	**kopieren**
Garage	**Genie**	**Organisation**	**bandagieren**	**organisieren**

Wichtige Endbausteine bei Fremdwörtern

Arbeite mit dem Wörterbuch und finde jeweils zu dem Fremdwort die Endung. Trage sie hinter den Wortstamm ein. Schreibe dann hinter das Fremdwort die deutsche Bedeutung, die im Kästchen unten steht.

-anz	-ismus	-tät	-ell	-isch
Instanz	**Optimismus**	**Autorität**	**sensationell**	**identisch**
Arroganz	**Realismus**	**Mobilität**	**speziell**	**automatisch**
Distanz	**Fanatismus**	**Mentalität**	**generell**	**energisch**

Inst anz :	zuständige Stelle	automat **isch** :	**selbstablaufend**
Autori **tät** :	**Ansehen**	Arrog **anz** :	**Anmaßung**
Dist **anz** :	**Abstand**	gener **ell** :	**allgemein**
sensation **ell** :	**Aufsehen erregend**	energ **isch** :	**tatkräftig**
ident **isch** :	**ein und dasselbe**	Mentali **tät** :	**Denkweise**
spezi **ell** :	**besonders**	Fanat **ismus** :	**blinde Begeisterung**
Optim **ismus** :	**Zuversicht**	Real **ismus** :	**Wirklichkeitsnähe**
Mobili **tät** :	**Beweglichkeit**	virtu **ell** :	**nicht wirklich**

blinde Begeisterung - Anmaßung - Denkweise - Zuversicht - Ansehen - besonders - Aufsehen erregend - Beweglichkeit - Abstand - allgemein - ein und dasselbe - selbstablaufend - Wirklichkeitsnähe - tatkräftig - nicht wirklich - ~~zuständige Stelle~~

Fremdwörter mit zwei Schreibweisen

Bei einigen Fremdwörtern gelten zwei Schreibweisen. Da sie sich durch ihren häufigen Gebrauch nach und nach der deutschen Sprache angepasst haben, wird neben der fremden meist sogar die deutsche Schreibung bevorzugt.

Schwierige Laute oder Lautverbindungen, die eingedeutscht wurden:

Laut wird zu	fremde Schreibweise	deutsche Schreibweise	weitere Beispiele
ai → ä	Polonaise* (frz.)	Polonäse	______
c → k	Creme* (frz.)	Krem(e)	______
ch → sch	charmant* (frz.)	scharmant	______
é → ee	passé* (frz.)	passee	______
gh → g	Spaghetti* (ital.)	Spagetti	______
ou → u	Nougat (frz.)	Nugat*	______
ph → f	Phantasie (gr.)	Fantasie*	______
th → t	Panther* (gr.)	Panter	______
tial → zial	Potential (lat.)	Potenzial*	______
tiell → ziell	substantiell (lat.)	substanziell*	______
y → j	Mayonnaise (frz.)	Majonäse*	______

* = bevorzugte Schreibweise

Fremdwörter

Suche zu dem deutschen Begriff das entsprechende Fremdwort. Trage die Buchstaben vor der angekreuzten Lösung unten in die Kästchen ein.

Müllkippe
EX O Deponie
RE O Despotie
IN O Depot

Kraftsportler
S O Atheist
P O Athlet
D O Asket

Spitzenschlager
I O Hot
P O Hat
E O Hit

Angriffslust
S O Aversion
E O Attraktion
R O Aggression

Leiter einer Sendung
KU O Monitor
TE O Moderator
KT O Modulator

Pilotenkabine
T O Cocktail
A O Kabinett
I O Cockpit

Weltraumfahrer
N O Astronaut
B O Astronom
R O Astrologe

Nichtfachmann
LE O Animateur
FR O Amateur
BE O Praktiker

Kapitalanlage
LE O Interaktion
AB O Installation
EM O Investition

Der 4. Fall (wen?)
D O Akkusativ
J O Genitiv
K O Nominativ

zeitgemäß
W O aktiv
S O generell
W O aktuell

blühen
TU O flanieren
OE O florieren
RS O flambieren

Lebenserinnerungen
RT O Memoiren
NG O Matinee
IN O Misere

Geldentwertung
A O Deflation
I O Influenz
E O Inflation

veröffentlichen
H O präzisieren
R O publizieren
S O provozieren

gegnerisch, gegensätzlich
E O opportun
T O offiziell
N O oppositionell

Lösung:

☐☐☐☐☐☐☐ ☐☐ ☐☐☐☐☐☐☐☐☐☐☐☐☐

Fremdwörter mit zwei Schreibweisen

Bei einigen Fremdwörtern gelten zwei Schreibweisen. Da sie sich durch ihren häufigen Gebrauch nach und nach der deutschen Sprache angepasst haben, wird neben der fremden meist sogar die deutsche Schreibung bevorzugt.

Schwierige Laute oder Lautverbindungen, die eingedeutscht wurden:

Laut wird zu	fremde Schreibweise	deutsche Schreibweise	weitere Beispiele
ai → ä	Polonaise* (frz.)	Polonäse	**Mayonnaise / Majonäse*, Frigidaire / Frigidär**
c → k	Creme* (frz.)	Krem(e)	**Club / Klub*, Disco / Disko*, circa / zirka***
ch → sch	charmant* (frz.)	scharmant	**Ketchup / Ketschup*, Sketch / Sketsch***
é → ee	passé* (frz.)	passee	**Varieté / Varietee*, Exposé / Exposee***
gh → g	Spaghetti* (ital.)	Spagetti	**Ghetto / Getto*, Joghurt / Jogurt***
ou → u	Nougat (frz.)	Nugat*	**Bravour / Bravur***
ph → f	Phantasie (gr.)	Fantasie*	**Photo / Foto*, Telephon / Telefon***
th → t	Panther* (gr.)	Panter	**Thunfisch* / Tunfisch**
tial → zial	Potential (lat.)	Potenzial*	**Differential / Differenzial***
tiell → ziell	substantiell (lat.)	substanziell*	**existentiell / existenziell***
y → j	Mayonnaise (frz.)	Majonäse*	**Yacht* / Jacht, Yoga* / Joga**

* = bevorzugte Schreibweise

Fremdwörter

Suche zu dem deutschen Begriff das entsprechende Fremdwort. Trage die Buchstaben vor der angekreuzten Lösung unten in die Kästchen ein.

Müllkippe
EX ⊗ Deponie
RE O Despotie
IN O Depot

Kraftsportler
S O Atheist
P ⊗ Athlet
D O Asket

Spitzenschlager
I O Hot
P O Hat
E ⊗ Hit

Angriffslust
S O Aversion
E O Attraktion
R ⊗ Aggression

Leiter einer Sendung
KU O Monitor
TE ⊗ Moderator
KT O Modulator

Pilotenkabine
T O Cocktail
A O Kabinett
I ⊗ Cockpit

Weltraumfahrer
N ⊗ Astronaut
B O Astronom
R O Astrologe

Nichtfachmann
LE O Animateur
FR ⊗ Amateur
BE O Praktiker

Kapitalanlage
LE O Interaktion
AB O Installation
EM ⊗ Investition

Der 4. Fall (wen?)
D ⊗ Akkusativ
J O Genitiv
K O Nominativ

zeitgemäß
W O aktiv
S O generell
W ⊗ aktuell

blühen
TU O flanieren
OE ⊗ florieren
RS O flambieren

Lebenserinnerungen
RT ⊗ Memoiren
NG O Matinee
IN O Misere

Geldentwertung
A O Deflation
I O Influenz
E ⊗ Inflation

veröffentlichen
H O präzisieren
R ⊗ publizieren
S O provozieren

gegnerisch, gegensätzlich
E O opportun
T O offiziell
N ⊗ oppositionell

Lösung:

E	X	P	E	R	T	E		I	N		F	R	E	M	D	W	O	E	R	T	E	R	N

RS	Name: ______________________	Datum: ______________

Fremdwörter (Merkwörter)

❶ Nach kurzem Vokal folgt nur **ein Mitlaut** (keine Verdoppelung):

Job, Gag, Kolonie, Kamera, Pin, Pop, fit, ______________________

____

❷ Es wird ein **doppelter Mitlaut** geschrieben, obwohl davor kein kurzer Vokal steht:

Effekt, Porzellan, Grammatik, korrekt, passieren, Batterie, ______________________

____

❸ Das **ck** als Sonderform der Verdopplung steht nur manchmal (meist bei englischen Fremdwörtern), z. B. checken. Wenn nach kurzem Vokal die beiden verschiedenen Mitlaute **k** und **t** folgen, wird auch nur **kt** geschrieben (≠ ck), z. B. Konflikt, Produkt, Doktor.

- Wörter mit **kk**: Akku, ______________________
- Wörter mit **zz**: Skizze, ______________________

❸ Ein lang gesprochenes i wird meist nur mit **i** geschrieben, am **Wortende** jedoch mit **ie**, **ier**, **ieren**, z. B. Energie, Turnier, informieren.

Ausnahmen: Langes i am Wortende nur mit **i**: Taxi, ______________________

❹ Wörter mit **doppeltem Selbstlaut**:

- **ee:** Idee, ______________________
- **oo:** Boom, ______________________

❺ Wörter mit **ä**:

- ä, **Prä-/prä-:** Pädagogik, Präparat, ______________________
- **-än/-äne**, **-ät/-tät**, **-är/-äre:** Kapitän, Mobilität, primär, ______________________

❻ Wörter mit **x**:

- **x:** Lexikon, ______________________
- **Ex-/ex-:** Exemplar, ______________________

❼ Wörter mit **V/v** (v klingt wie w):

- **V/v:** Vase, ______________________
- **v** (im Wort): Advent, ______________________

❽ Wörter mit **C/c** und **Ch/ch**:

- **c** wie **k:** Computer, ______________________
- **ch** wie **k:** Chaos, ______________________
- **ch** wie **sch:** Chauffeur, ______________________
- **ch** wie **tsch:** Champion, ______________________

❾ Wörter mit **y**

- **y** im Wort: System, ______________________
- **y** am Wortende: Handy, ______________________

❿ Wörter mit **Ph/ph**, **Th/th**, **Rh/rh**:

- **Ph:** Physik, ______________________
- **ph:** Atmosphäre, ______________________
- **Th:** Theater, ______________________
- **th:** Athlet, ______________________
- **Rh:** Rheuma, ______________________

RS Name: ____________________ Datum: ____________________

Fremdwörter (Merkwörter)

❶ Nach kurzem Vokal folgt nur **ein Mitlaut** (keine Verdoppelung):

Jo**b**, Ga**g**, Hote**l**, Ka**m**era, Pi**n**, Po**p**, fi**t**, Klu**b**, Mo**b**, Ro**b**oter, Smo**g**, Gro**g**, Hotdo**g**, Mote**l**, Flo**p**, Li**m**it, Kri**m**i, Mi**n**i, Chi**p**, Bioto**p**, Cli**p**, Sli**p**, fi**t**, Je**t**, Ci**t**y, La**p**to**p**, Sno**b**, Spri**t**

❷ Es wird ein **doppelter Mitlaut** geschrieben, obwohl davor kein kurzer Vokal steht:

E**ff**ekt, Porze**ll**an, Gra**mm**atik, ko**rr**ekt, pa**ss**ieren, Ba**tt**erie, **Kaffee, Buffet, raffiniert, intelligent, Million, Kommentar, nummerieren, Karriere, Konkurrenz, Arrest, Diskussion, Attest, attraktiv**

❸ Das **ck** als Sonderform der Verdopplung steht nur manchmal (meist bei englischen Fremdwörtern), z. B. checken. Wenn nach kurzem Vokal die beiden verschiedenen Mitlaute **k** und **t** folgen, wird auch nur **kt** geschrieben (≠ ck), z. B. Konflikt, Produkt, Doktor.

- Wörter mit **kk**: Akku, **Akkord, Mokka, Mekka, Akkusativ, Makkaroni, Sakko, akkurat**
- Wörter mit **zz**: Skizze, **Pizza, Razzia, Pizzeria, Jazz, Intermezzo, Nizza**

❸ Ein lang gesprochenes i̲ wird meist nur mit **i** geschrieben, am **Wortende** jedoch mit **ie**, **ier**, **ieren**, z. B. Energie, Turnier, informieren.

Ausnahmen: Langes i̲ am Wortende nur mit **i**: Taxi, **Mini, Kombi, Bikini, Trabi, Stasi, Spezi, Maxi**

❹ Wörter mit **doppeltem Selbstlaut**:

- **ee:** Idee, **Gelee, Tornee, Chaussee, Armee, Frottee, Moschee, Klischee, Dragee**
- **oo:** Boom, **Pool, Cartoon, Zoom**

❺ Wörter mit **ä**:

- **ä**, **Prä-/prä-:** Pädagogik, Präparat, **Ära, Prämie, Phänomen, plädieren, Präposition**
- **-än/-äne**, **-ät/-tät**, **-är/-äre:** Kapitän, Mobilität, primär, **Diät, Realität, mondän, ordinär**

❻ Wörter mit **x**:

- **x:** Lexikon, **Praxis, Text, Luxus, flexibel, Index, Kodex, Jux, Kontext, Maxime, paradox**
- **Ex-/ex-:** Exemplar, **exakt, Exil, Existenz, Experte, extra, Experiment, Export, extrem**

❼ Wörter mit **V/v** (v klingt wie w):

- **V/v:** **Vase, variabel, Vene, Ventil, Video, Virus, vage, vital, virulent, Vitamin, Vulkan, Visum**
- **v** (im Wort): Advent, **November, Kurve, Revier, nervös, Kuvert, Level, relevant, zivil**

❽ Wörter mit **C/c** und **Ch/ch**:

- **c** wie **k:** Computer, **Camping, Container, clever, Comic, Clique, Clown, Clan, Code, Cup**
- **ch** wie **k:** Chaos, **Charakter, Chor, Christ, Chronik, Chamäleon, China**
- **ch** wie **sch:** Chauffeur, **Chance, charmant, Chef, Chose, Chanson, chic**
- **ch** wie **tsch:** Champion, **checken, Chip, Chile, Cheeseburger, Clinch, Couch**

❾ Wörter mit **y**

- **y** im Wort: System, **Gymnastik, Analyse, Symbol, Physik, Sympathie, Pyramide**
- **y** am Wortende: Handy, **Hobby, Pony, Baby, Party, Teddy, Lobby, happy, Teeny**

❿ Wörter mit **Ph/ph**, **Th/th**, **Rh/rh**:

- **Ph:** Physik, **Phänomen, Phantom, Pharao, Phase, Philosophie, Phlegma**
- **ph:** Atmosphäre, **Katastrophe, Strophe, Triumph**
- **Th:** Theater, **Theke, Thema, Theologie, Theorie, Thermometer, These, Thron**
- **th:** Athlet, **Apotheke, Bibliothek, Diskothek, Labyrinth, Methode, Sympathie, Synthese**
- **Rh:** Rheuma, **Rhabarber, Rhombus, Rhythmus, Rhetorik, Rhein, Rhesusfaktor**

Fremdwörter

Bei den folgenden Fremdwörtern wurden Mitsprechwörter weniger berücksichtigt, es geht meist nur um Denk- und Merkwörter. Markiere jeweils bei den Wörtern die schwierige Stelle. Kennzeichne dann im Kreis vor dem Wort:
⊗ Dieses Wort kenne ich bereits. ● Dieses Wort kann ich ganz sicher richtig schreiben.

A

O die Adresse, -n	Anschrift, Wohnungsangabe
O die Affäre, -n	peinlicher Vorfall
O adäquat	entsprechend, angemessen
O der Affekt, -e	heftige Erregung
O die Aggression, -en	Angriff, Feindseligkeit
O akklimatisieren	sich an ein anderes Klima gewöhnen, sich eingewöhnen
O der Akkord, -e	Zusammenklang von Tönen; Bezahlung nach Leistung
O akkurat	sorgfältig, ordentlich
O aktiv	tätig, eifrig
O aktuell	zeitgemäß, zeitnah
O akzeptieren	annehmen, billigen
O die Allergie, -n	besondere Empfindlichkeit
O die Allüre, -n	auffallendes Benehmen
O die Alternative, -n	Wahlmöglichkeit
O analog	entsprechend, zeitgemäß
O die Analyse, -n	Zerlegung in seine Einzelteile
O die Annonce, -n	Zeitungsanzeige, Inserat
O annullieren	für ungültig erklären
O anonym	ohne Namensangabe
O apathisch	teilnahmslos, abgestumpft
O der Apparat, -e	technisches Gerät
O das Appartement, -s	Kleinwohnung
O der Appell, -e	Aufruf, Aufforderung
O der Appetit, -e	Lust zum Essen
O das Aquarell, -e	mit Wasserfarben gemaltes Bild
O arrogant	anmaßend, überheblich
O der Ästhet, -en	jmd., der Wert auf Schönes legt
O das Asyl, -e	Zufluchtsort
O die Atmosphäre, -n	Stimmung; Lufthülle
O die Attacke, -n	Angriff, heftige Kritik
O das Attentat, -e	politischer Mordanschlag
O das Attest, -e	ärztliche Bescheinigung
O die Attraktion, -en	Sehenswürdigkeit, Glanzpunkt
O die Autarkie, -n	wirtschaftliche Unabhängigkeit
O die Autorität, -en	hohes Ansehen

B

O das Baby, -s	Säugling
O die Bagatelle, -n	unbedeutende Kleinigkeit
O die Balance, n [balace]	Gleichgewicht
O das Bankett, -e	Festmahl
O die Barriere, -n [barijere]	Sperre, Hindernis
O die Batterie, -n	Stromquelle
O der Boom, -s [bum]	plötzlicher Anstieg, Aufschwung in der Wirtschaft
O der Boulevard, -s [bulewar]	Prachtstraße
O die Boutique, -n	kleiner Modeladen
O der Boykott, -s	Handelssperre
O brillant	glänzend, großartig
O das Budget, -s [büdsche]	Haushaltsplan
O das Business	Geschäft, Profitstreben

C

O der Cartoon, -s [kartun]	Witzzeichnung
O der Champion, -s [tschämpijen]	Spitzensportler, Meister einer Sportart
O die Chance, -n [schase]	günstige Gelegenheit
O das Chaos [kaos]	völliges Durcheinander
O der Charakter, -e	Wesensart, Veranlagung
O charmant [scharmant]	reizend, liebenswürdig
O der Chauffeur, -e [schoför]	Autofahrer, Lenker
O checken [tschäken]	prüfen, kontrollieren
O die Chronik, -en [kronik]	Darstellung geschichtlicher Ereignisse in zeitlicher Reihenfolge
O die City, -s [siti]	Innenstadt, Stadtzentrum
O clever	gescheit, pfiffig, geschickt
O die Clique, -n [klike]	Gruppe von Menschen; Freundeskreis
O der Clou, -s [klu]	Höhepunkt, Pointe
O der Clown, -s [klaun]	Spaßmacher
O der Coach, -s [kotsch]	Trainer, Betreuer
O der Code, -s [kod]	Schlüssel, Geheimzeichen
O der Comic, -s	Bildergeschichte mit Kurztexten
O der Computer, -	elektronische Anlage zur Datenverarbeitung
O der Container, - [kontener]	genormter Großbehälter für Güterverkehr
O die Courage [kurasche]	Mut, Unerschrockenheit

D	
O die Defensive, -n	Wahlspruch; Zahlungsmittel
O die Depression, -en	Niedergeschlagenheit
O das Design, -s [disain]	Entwurf, Gestaltung
O die Diät, -en	Schonkost
O diffamieren	verleumden
O die Differenz, -en	Unterschied
O diffizil	mühsam; schwierig
O diffus	zerstreut; unklar
O das Dilemma, -s	Zwangslage
O der Dilettant, -en	Nichtfachmann
O der Discount, -s [diskaunt]	durch Selbstbedienung billigeren Einkauf
O die Diskothek, -en	Tanzlokal
O die Diskussion, -en	Erörterung
O die Dissonanz, -en	Unstimmigkeit, Missklang
O divers	verschieden, mehrere
O das Doping, -s	Gebrauch verbotener leistungssteigernder Mittel (Sport)
O down [daun]	niedergeschlagen, erschöpft
O dressieren	abrichten, zähmen
O das Duell, -e	Zweikampf, sportl. Wettkampf
O das Dumping [damping]	Unterbieten der Preise
O die Dynamik	Triebkraft, Schwung
O der Dynamo, -s	Gerät zur Stromerzeugung
E	
O der Effekt, -e	Wirkung, Nutzen
O die E-Mail, -s	elektronische Nachrichten
O die Energie, -n	Schwung, Tatkraft
O die Epidemie, -n	Seuche
O die Ethik	Lehre vom sittlichen Handeln
O die Euphorie	Hochgefühl, Hochstimmung
O eventuell	vielleicht
O exakt	genau
O das Exil, -e	Verbannung(sort)
O die Existenz, -en	Vorhandensein, Leben
O exklusiv	ausschließlich, vornehm
O exotisch	fremdartig, fremdländisch
O die Expansion, -en	Ausweitung, Vergrößerung
O das Experiment, -e	(wissensch.) Versuch
O der Experte, -n	Sachverständiger, Fachmann
O explodieren	mit Knall (zer)platzen
O der Export, -e	Waren- und Güterausfuhr
O extern	außerhalb
O extra	besonders, außergewöhnlich
O extrem	äußerst, übertrieben
O exzellent	ausgezeichnet, hervorragend
O der Exzess, -e	Unmäßigkeit, Ausschreitung
F	
O fair [fär]	anständig, ehrlich
O der Fan, -s [fän]	begeisterter Anhänger
O die Fantasie/Phantasie, -n	Vorstellung; Einbildungskraft
O die Fassade, -n	Vorderseite, Außensicht
O das Feed-back/Feedback, -s	Rückmeldung
O das Festival, -s [festiwel]	Musikfest
O die Finesse, -n	Feinheit, Trick
O das Finish, -s [finisch]	Endkampf, Endspurt
O fit, fitter, fittesten	tauglich, in guter Form
O fix	fest (stehend); gewandt
O fixieren	festlegen, genau bestimmen
O das Fixum, Fixa	festes Gehalt, Einkommen
O das Flair [flär]	Atmosphäre, Ausstrahlung
O flexibel	beweglich; biegsam
O der Flirt, -s [flört]	Liebelei, Schöntun
O der Fonds, - [fo]	Geldmittel, Vermögen
O formell	förmlich, rein äußerlich
O frivol	leichtfertig, bedenkenlos, frech
G	
O der Gag, -s [gäg]	witziger Einfall
O die Gage, -n [gasche]	Bezahlung für Künstler
O die Galopp, -e/-s	schnelle Gangart des Pferdes
O die Garantie, -n	Bürgschaft, Gewährleistung
O das Genie, -s [scheni]	überragende Begabung
O die Geografie/Geographie	Erdkunde
O die Geometrie	Raumlehre
O die Grimasse, -n	Gesichtsverzerrung, Fratze
O das Gros, - [gro]	Masse, Mehrzahl, Mehrheit
O das Gymnasium, -sien	höhere Schule
O die Gymnastik	körperliche Übungen
O das Gyros, -	griechisches Fleischgericht
H	
O das Handy, -s	handliches drahtloses Telefon
O die Harmonie, -n	wohltönender Zusammenklang; Übereinstimmung
O die Hierarchie, -n	Rangordnung, Rangfolge
O das Hobby, -s	Lieblingsbeschäftigung
O der Holocaust, -s	Massenvernichtung von Menschen (Juden im NS)
O der Horror, -s	Entsetzen, Angst, Schauer

O die Humanität	Menschlichkeit, Menschenliebe
O die Hygiene	Gesundheitspflege; Sauberkeit
O hysterisch	leicht aufgeregt, überspannt

I

O identisch	ein und dasselbe, gleich
O die Idee, -n	Gedanke, Einfall
O die Ideologie, -n	Weltanschauung
O idyllisch	beschaulich, ländlich
O ignorieren	nicht beachten
O illegal	ungesetzlich, gesetzeswidrig
O die Illusion, -en	falsche Vorstellung
O imitieren	nachahmen, nachbilden
O immens	riesig, groß
O die Immigration, -en	Einwanderung
O die Immission, -en	Einwirkung durch Schadstoffe
O immun	unempfindlich
O imponieren	Eindruck machen
O improvisieren	etwas ohne Vorbereitung tun
O der Impuls, -e	Anstoß, Anregung
O der Index, -e	alphabetisches Verzeichnis
O individuell	persönlich, je nach Art des Einzelmenschen
O die Industrie, -n	Unternehmen, die maschinell Produkte herstellen
O die Inflation, -en	Geldentwertung
O die Information, -en	Auskunft, Mitteilung
O informieren	in Kenntnis setzen
O der Ingenieur, -e	Techniker mit (Fach) Hochschulabschluss
O die Initiative, -n	Handelsanstoß, Entschlusskraft, Unternehmungsgeist
O inklusive	einschließlich
O die Innovation, -en	Erneuerung
O installieren	einrichten, einbauen
O die Instanz, -en	zuständige Stelle
O der Instinkt, -e	angeborenes Verhalten
O die Institution, -en	öffentliche Einrichtung
O instruieren	unterweisen
O die Intelligenz, -en	Denkfähigkeit, Begabung
O intensiv	gründlich, eindringlich
O die Intention, -en	Absicht, Vorhaben, Plan
O das Interesse, -n	Aufmerksamkeit, Neigung
O interessant	spannend, fesselnd
O international	weltoffen, überstaatlich
O interpretieren	auslegen, denken
O das Intervall, -e	Zwischenzeit, Zeitspanne
O das Interview, -s [interwju]	Befragung durch Reporter
O der Invalide, -n	Körperbehinderte(r)
O die Invasion, -en	Einfall feindlicher Truppen
O das Inventar, -e	Einrichtung
O investieren	anlegen, Kapital einsetzen
O die Ironie, -n	versteckter Spott
O isolieren	schützen, trennen

J

O der Jackpot, -s	Hauptgewinn bei Glücksspielen
O die Jalousie, -n	Rollladen
O der Jazz	Musikstil aus der USA
O der Jet, -s	Düsenflugzeug
O der Job, -s	Beruf, Arbeitsplatz
O das Jogging	lockeres Dauerlaufen
O der Joint, -s	Zigarette, die Rauschgift enthält
O der Joker, -	Karte mit Narrenbild, die jede andere ersetzen kann
O der Journalist, -en	Mitarbeiter in Presse, Funk und Fernsehen
O der Jux, -e	Spaß, Scherz, Ulk

K

O das Kabinett, -e	Gesamtheit der Minister
O der Kandidat, -en	Bewerber, Prüfling
O die Kapazität, -en	Aufnahmevermögen; Fachmann; Fähigkeit
O kaputt	zerstört; körperlich erschöpft
O die Karriere, -n	beruflicher Aufstieg
O die Katastrophe, -en	großes Unglück
O die Kategorie, -n	Gruppe, Klasse, Gattung
O katholisch	zur kath. Kirche gehörend
O das Klischee, -s	abgedroschene Redewendung, Abklatsch, Nachbildung
O die Koexistenz	friedliches Nebeneinanderleben
O die Klinik, -en	Krankenhaus
O der Kollege, -n	Mitarbeiter
O die Kombination, -en	Verknüpfung
O der Kommentar, -e	Erläuterung
O kommunal	die Gemeinde betreffend
O die Kommunikation, -en	Verbindung; Informationsaustausch, Verständigung
O komplex	vielfältig, vielschichtig

O kompliziert	schwierig
O der Kompromiss, -e	Übereinstimmung
O die Kondition, -en	Bedingung; Leistungsvermögen
O der Kongress, -e	Tagung von Fachleuten
O konkret	anschaulich, wirklich
O die Konkurrenz, -en	Wettbewerb
O die Konsequenz, -en	Folgerung
O konstant	beständig, gleichbleibend
O der Kontext, -e	Textzusammenhang
O konträr	gegensätzlich
O der Kontrast, -e	Gegensatz, Unterschied
O die Kontrolle -n	Prüfung, Überwachung
O die Kontroverse, -n	Streit, Auseinandersetzung
O konventionell	förmlich; herkömmlich
O die Konzentration, en	gespannte Aufmerksamkeit; Vereinigung
O das Konzept, -e	Entwurf, Plan
O korrigieren	berichtigen
O korrekt	richtig, fehlerfrei, tadellos
O die Korruption, -en	Bestechlichkeit
O kursiv	schräge Druckschrift
O das Kuvert, -s	Briefumschlag
	L
O das Labyrinth, -s	Irrgarten
O lädieren	beschädigen, verletzen
O der Laie, -n	Nichtfachmann
O die Lappalie, -n	Kleinigkeit
O der Lap-top, -s	tragbarer Computer
O die Legasthenie	angeborene Lese- und Rechtschreibschwäche
O die Lethargie	Trägheit
O der Level, -s	Niveau, Leistungsstand
O das Lexikon, Lexika	Nachschlagewerk
O das Limit, -s/-e	festgelegte Grenze
O liquid(e)	flüssig; zahlungsfähig
O loyal	gesetzestreu, redlich
O der Luxus	kostspielige Lebensführung
O die Lyrik	Kunstform des Gedichts
	M
O die Magie, -n	Zauberkunst
O die Majonäse/Mayonnaise	kalte, dicke Soße aus Eigelb und Öl
O das Make-up, -s	Gesichtskosmetik
O das Malheur, -e/-s	Unglück, Missgeschick
O der Manager, -	Leiter eines Unternehmens; Betreuer (Sportler, Künstler)
O die Manie, -n	Sucht, Besessenheit
O manipulieren	gezielt beeinflussen
O manuell	mit der Hand
O der Marathon, -s	Langstreckenlauf (42,2 km)
O die Marotte, -n	seltsame Eigenheit
O der Märtyrer, -	Mensch, der wegen seiner Überzeugung Qualen oder den Tod erleidet
O das Massaker, -	Blutbad, Gemetzel
O massiv	fest, stark, nicht hohl
O das Match, -e/-s	Wettkampf
O die Mathematik	Wissenschaft von den Zahlen und Größen
O die Maxime, -n	Leitsatz, Grundsatz
O die Medaille, -n [medalje]	Auszeichnung für besondere Leistung, Gedenkmünze
O die Melancholie, -n	Schwermütigkeit, Trübsinn
O die Melodie, -n	Tonfolge, Vertonung
O die Memoiren [memoaren]	Lebenserinnerungen
O die Mentalität, -en	Denkweise, Geisteshaltung
O die Methode, -n	Art und Weise der Durchführung; planmäßiges Vorgehen
O das Minarett, -e/-s	Turm einer Moschee
O die Minorität, -en	Minderheit
O die Mission, -en	Sendung, besonderer Auftrag
O der Mob	Pöbel, Gesindel
O mobben	quälen, schikanieren, verletzen
O die Mobilität	Beweglichkeit
O die Montage, -n	Aufbau technischer Anlagen
O das Motiv, -e	Beweggrund, Anregung
O mysteriös	geheimnisvoll, rätselhaft
O der Mythos, Mythen	Helden-, Göttersage
	N
O naiv	kindlich, unbefangen, lebensfremd
O die Navigation	Ort- und Kursbestimmung
O negativ	verneinend, ablehnend
O der Nerv, -en	Strang des Nervensystems
O nervös	leicht reizbar, zerfahren
O netto	ohne Verpackung; ohne Unkosten; ohne Abgaben
O das Niveau, -s [niwo]	Stand; Bildungsstand
O die Novelle, -n	längere Prosaerzählung

O die Novität, -en	Neuheit, Neuerscheinung
O die Nuance, -n [nüase]	Feinheit
O die Nymphe, -n	Naturgöttin

O

O obszön	unanständig, schamlos
O die Odyssee, -n	Irrfahrt
O die Offensive, -n	Angriff
O offerieren	anbieten
O offiziell	amtlich, öffentlich, feierlich
O der Offizier, -e	militärische Rangstufe
O die Okkupation, -en	Besetzung, Einnahme
O die Ökologie	Wissenschaft von den Wechselbeziehungen zwischen Lebewesen und ihrer Umwelt
O die Ökonomie, -n	Wirtschaftlichkeit
O die Olympiade, -n	sportlicher Wettkampf, der alle vier Jahre stattfindet
O das Omelett, -s/-e	Eierkuchen
O die Opposition, -en	Widerstand; Gegenpartei
O ordinär	gewöhnlich, unanständig
O orthodox	ренggläubig, engstirnig, starr
O die Orthografie/Orthographie	Rechtschreibung
O der Orthopäde, -n	Facharzt für das menschliche Bewegungssystem
O die Ouvertüre, -n	musikalische Einleitung

P

O die Pädagogik	Erziehungswissenschaft
O paradox	widersinnig
O passieren	vorbeifahren; sich ereignen
O passiv	untätig, teilnahmslos
O das Phänomen, -e	ungewöhnliche Erscheinung
O das Phantom, -e	Trugbild
O die Phase, -n	Abschnitt, Zustand
O die Philosophie	Wissenschaft, die sich um Welterkenntnis bemüht
O das Phlegma	Trägheit, Gleichgültigkeit
O phlegmatisch	träge, gleichgültig
O die Phrase, -n	Redewendung, leere Redensart
O die Physik	Wissenschaft von den Gesetzen der unbelebten Natur
O die Pizza, Pizzen	Hefeteig mit untersch. Belag
O plädieren	sich für jdn. einsetzen
O prägnant	genau, treffend, kurz
O das Pony, -s	kleines Pferd
O der Pool, -s [pul]	Schwimmbecken
O der Pop	Gesamtheit der populären Kunst
O populär	volkstümlich, beliebt
O das Porzellan, -e	(kostbarer) gebrannter Ton
O positiv	bejahend, günstig, vorteilhaft
O die Prämie, -n	Belohnung, Geldpreis
O präparieren	vorbereiten
O der Präsident, -en	Staatsoberhaupt; Vorsitzender
O die Praxis, -xen	Tätigkeit, Erfahrung; Raum des Arztes
O präzise	genau, klar
O primär	an erster Stelle, grundlegend
O die Psyche, -n	Seele, Gefühlsleben, Gemüt
O das Pulver	fein zermahlener Stoff
O die Pyramide, -n	geometrischer Körper; Grabmal altägyptischer Könige

Qu

O die Qualität, -en	Beschaffenheit, Güte
O qualitativ	die Qualität betreffend
O die Quantität, -en	Menge, Anzahl

R

O raffiniert	schlau, durchtrieben
O das Recycling	Wiederverwertung von Abfällen
O regulär	der Regel entsprechend
O relevant	wichtig, bedeutsam
O renovieren	erneuern, neu herrichten
O das Resümee, -s	Zusammenfassung, Ergebnis
O die Revanche, -n	Vergeltung, Rache
O die Rhetorik	Redekunst
O das Rheuma	Entzündung der Gelenke
O der Rhythmus, -men	Gleichtakt, gleichmäßige Bewegung
O der Rivale, -n	Mitbewerber, Gegner
O der Rowdy, -s [raudi]	Raufbold, Halbstarker

S

O die Saison, -s	Zeit des Hochbetriebs
O der Sakko, -s	Jacke für Herren
O sekundär	zweitrangig, untergeordnet
O der Shop, -s	Geschäft, Laden
O die Show, -s	Schau, Vorführung
O die Skizze, -n	flüchtiger Entwurf
O der Sklave, -n	unfreier Mensch
O der Slip, -s	kurze Unterhose

O der Smog, -s	dicker Dunst, Dunstglocke
O der Snob, -s	eingebildeter Mensch
O souverän	unabhängig
O der Spleen, -s	seltsame Eigenart
O der Standard, -s	Norm, Richtmaß
O die Strophe, -n	Abschnitt eines Gedichts oder Liedes
O das Symbol, -e	Zeichen, Sinnbild
O symmetrisch	spiegelbildlich
O die Sympathie, -n	Zuneigung, Mitgefühl
O das Symptom, -e	Zeichen, Anzeichen
O das System, -e	Gefüge, Ordnungsprinzip
	T
O die Taxe, -n	festgesetzter Preis; Abgabe
O das Team, -s [tim]	Gruppe, Mannschaft
O der Teddy, -s	Stoffbär
O der Teenager, -	Junge/Mädchen in der Pubertät
O das Telefax, -e	Fernkopierer
O die Textilien	Sammelbezeichnung für Kleidung
O das Theater, -	Schauspielhaus
O die Theke, -n	Schank-, Ladentisch
O das Thema, Themen	Haupt-, Leitgedanke
O die Theologie, -n	Religionswissenschaft
O die Theorie, -n	Lehre, Betrachtungsweise
O theoretisch	gedanklich
O die Therapie, -n	Heilbehandlung
O das Thermometer, -	Gerät zum Temperaturmessen
O die These, -n	Lehrsatz, Behauptung
O der Thron, -e	Herrschersessel
O das Training	planmäßige Übung
O der Trend, -s	Grundrichtung
O der Trip, -s	kurzer Ausflug
O der Triumph, -e	großer Erfolg, Sieg
O das Turnier, -e	Wettkampf, ritterl. Kampfspiel
O der Typ, -en	Grundform, Muster, Art
O typisch	bezeichnend, charakteristisch
O der Tyrann, -en	Gewaltherrscher
	U
O die Universität, -en	Hochschule
O das Universum	Weltall
O die Utopie, -n	Wunschvorstellung
	V
O vage	unsicher, ungenau
O variabel	veränderlich, wandelbar
O die Variable, -n	veränderliche Größe
O die Variante, -n	Abwandlung, veränderte Form
O die Vase, -n	Gefäß für Blumen
O die Vegetation, -en	Pflanzenwuchs, -welt
O das Ventil, -e	Absperrvorrichtung
O der Veterinär, -e	Tierarzt
O die Vignette, -n	Gebührenmarke für Autobahnen
O die Villa, Villen	größeres Einfamilienhaus
O das Visier, -e	Zielvorrichtung
O visuell	das Sehen betreffend
O die Vitalität	Lebenskraft, Lebendigkeit
O die Vitrine, -n	Glasschrank, Schaukasten
O das Volleyball	Ballspiel
O der Volontär, -e	jed., der zur Ausbildung in einem Betrieb arbeitet
O vulgär	gewöhnlich, derb
	W
O der Walkman, -s	tragbarer Kassettenrecorder mit Kopfhörer
O der Whirlpool, -s [wörlpul]	Badebecken mit sprudelndem Wasser
O der Whisk(e)y, -s	Branntwein
O der Workshop, -s	„Werkstatt“, Kurs, Seminar
	Z
O die Zäsur, -en	Einschnitt, Unterbrechung
O zelebrieren	feierlich begehen, feiern
O zensieren	mit einer Note bewerten
O die Zeremonie, -n	feierliche Handlung
O die Zigarette, -n	mit Tabak gefüllte Papierhülse
O zivil	bürgerlich, nicht militärisch
O die Zivilisation	Verbesserung der menschl. Lebensbedingungen durch Wissenschaft und Technik
O der Zoo, -s	Tierpark
O das Zoom, -s	Fotoobjektiv mit verstellbarer Brennweite
O der Zyklus, Zyklen	regelmäßig wiederkehrender Ablauf
O der Zylinder, -	Maschinenhohlraum; geometrischer Körper; Herrenhut
O zynisch	spöttisch, bissig, verletzend

RS	Name: ______________________	Datum: ______________	

Wortbausteine erkennen und richtig schreiben

❶ Wortstamm und Wortfamilie

Was genau haben die folgenden Wörter jeweils gemeinsam?
Markiere den gleichen Wortteil und schreibe ihn nochmals in das Kästchen.

Stelle	bestellt	stellen	Vorstellung	ausstellen	☐
beenden	endlich	Endlauf	Jahresende	Endung	☐
Transport	exportieren	Import	Exporteur	transportabel	☐
sympathisch	Pathos	pathetisch	apathisch	Sympathie	☐

Der gemeinsame Baustein bei diesen Wörtern ist der **Wortstamm**, der wichtigste Teil eines Wortes. Er ist der Hauptbaustein oder der Grundbaustein.

> Der **Wortstamm** ist der wichtigste Baustein eines Wortes. Von diesem können mit Hilfe zusätzlicher Bausteine (z. B. **Vorsilben** und **Nachsilben**) weitere Wörter **abgeleitet** werden, die alle miteinander **verwandt** sind und eine **Wortfamilie** bilden.

Wenn du den Wortstamm kennst, kannst du auch die mit ihm verwandten Wörter richtig schreiben.

1. Beispiel: Du kennst den Wortstamm „Glück“, dann kannst du auch die verwandten Wörter, z. B. glücklich, beglücken, Unglück, verunglückt, Glückwunsch.

(ck)(ck) heißt: Wenn einmal im Wortstamm **ck**, dann auch bei allen verwandten Wörtern **ck**.

2. Beispiel: Du kennst den Wortstamm „Wahl“. Verwandte Wörter, z. B. wählen, Auswahl, Wähler, Berufswahl.

(h)(h) heißt: Im Wortstamm **h** ⇨ verwandte Wörter mit **h**. **Einmal h, immer h.**

❷ Anfangsbausteine

① Vorsilben

Vorsilben sind Anfangsbausteine, die vor dem Wortstamm stehen. Die wichtigsten Vorsilben sind:

be-	ent-	er-	ge-	miss-	un-	ver-	zer-

Du kennst das Grundwort „fallen“ mit dem Wortstamm **fall** und die Vorsilben. Wie viele neue Verben kannst du mit den Vorsilben bilden? [VS] + [fallen]

____

Auch bei Nomen können am Anfang des Wortes Vorsilben stehen: [VS] + [fall] (en)

____

> **Vorsilben** sind kleine, aber wichtige Wortbausteine, die am Anfang des Wortes stehen. Sie verändern den Sinn eines Wortes. Es ist schon ein großer Unterschied, ob etwas **ge**fällt oder **miss**fällt. Vorsilben sind **unselbständig**. Sie können nicht allein als Wort vorkommen, sondern sind immer auf den **Wortstamm** angewiesen.

② Kurzwörter, die wie Vorsilben gebraucht werden

Statt Vorsilben können auch kleinere Wörter (meist Verhältniswörter) vor dem Wortstamm stehen. Wichtige Kurzwörter sind:

ab, an auf, bei, durch, ein, her, hin, mit, nach, über, um, unter, vor, zu, zurück, zusammen

Im Unterschied zu den Vor- und Nachsilben können diese Kurzwörter auch alleine stehen, z. B. **an** der Wand, **bei** der Mutter, **unter** dem Baum.

> Wenn ich nur ein Wort mit seinem **Wortstamm** kenne, kann ich mit **Vorsilben** und **Kurzwörtern** viele weitere **neue Wörter** bilden. Ich beachte bei den Vorsilben besonders: **ver-** und **vor-** immer mit **v**, **ent-** immer mit **t**, **miss-** immer mit **ss**.

RS	Name: ______________________	Datum: ______________

Wortbausteine erkennen und richtig schreiben

❶ Wortstamm und Wortfamilie

Was genau haben die folgenden Wörter jeweils gemeinsam?
Markiere den gleichen Wortteil und schreibe ihn nochmals in das Kästchen.

Stelle	bestellt	stellen	Vorstellung	ausstellen	**stell**
beenden	endlich	Endlauf	Jahresende	Endung	**end**
Transport	exportieren	Import	Exporteur	transportabel	**port**
sympathisch	Pathos	pathetisch	apathisch	Sympathie	**path**

Der gemeinsame Baustein bei diesen Wörtern ist der **Wortstamm**, der wichtigste Teil eines Wortes. Er ist der Hauptbaustein oder der Grundbaustein.

Der **Wortstamm** ist der wichtigste Baustein eines Wortes. Von diesem können mit Hilfe zusätzlicher Bausteine (z. B. **Vorsilben** und **Nachsilben**) weitere Wörter **abgeleitet** werden, die alle miteinander **verwandt** sind und eine **Wortfamilie** bilden.

Wenn du den Wortstamm kennst, kannst du auch die mit ihm verwandten Wörter richtig schreiben.

1. Beispiel: Du kennst den Wortstamm „Glück“, dann kannst du auch die verwandten Wörter, z. B. glücklich, beglücken, Unglück, verunglückt, Glückwunsch.

(ck)(ck) heißt: Wenn einmal im Wortstamm **ck**, dann auch bei allen verwandten Wörtern **ck**.

2. Beispiel: Du kennst den Wortstamm „Wahl“. Verwandte Wörter, z. B. wählen, Auswahl, Wähler, Berufswahl.

(h)(h) heißt: Im Wortstamm **h** ⇨ verwandte Wörter mit **h**. **Einmal h, immer h**.

❷ Anfangsbausteine

① Vorsilben

Vorsilben sind Anfangsbausteine, die vor dem Wortstamm stehen. Die wichtigsten Vorsilben sind:

be- ent- er- ge- miss- un- ver- zer-

Du kennst das Grundwort „fallen“ mit dem Wortstamm **fall** und die Vorsilben. Wie viele neue Verben kannst du mit den Vorsilben bilden? VS + fallen

befallen, entfallen, gefallen, missfallen, verfallen, zerfallen

Auch bei Nomen können am Anfang des Wortes Vorsilben stehen: VS + fall (en)

Befall, Gefallen, Unfall, Verfall, Zerfall

Vorsilben sind kleine, aber wichtige Wortbausteine, die am Anfang des Wortes stehen. Sie verändern den Sinn eines Wortes. Es ist schon ein großer Unterschied, ob etwas **ge**fällt oder **miss**fällt. Vorsilben sind **unselbständig**. Sie können nicht allein als Wort vorkommen, sondern sind immer auf den **Wortstamm** angewiesen.

② Kurzwörter, die wie Vorsilben gebraucht werden

Statt Vorsilben können auch kleinere Wörter (meist Verhältniswörter) vor dem Wortstamm stehen. Wichtige Kurzwörter sind:

ab, an auf, bei, durch, ein, her, hin, mit, nach, über, um, unter, vor, zu, zurück, zusammen

Im Unterschied zu den Vor- und Nachsilben können diese Kurzwörter auch alleine stehen, z. B. **an** der Wand, **bei** der Mutter, **unter** dem Baum.

Wenn ich nur ein Wort mit seinem **Wortstamm** kenne, kann ich mit **Vorsilben** und **Kurzwörtern** viele weitere **neue Wörter** bilden. Ich beachte bei den Vorsilben besonders: **ver-** und **vor-** immer mit **v**, **ent-** immer mit **t**, **miss-** immer mit **ss**.

RS	Name: ______________________	Datum: ______________

Nachsilben

Nachsilben sind Wortbausteine, die **nach** dem Wortstamm stehen.

❶ Die wichtigsten Nachsilben bei Nomen

Freundschaft	Heiserkeit	Zeugnis	Freiheit	Heizung
Süßigkeit	Ergebnis	Erzählung	Gemeinschaft	Frechheit

Trenne bei den Wörtern oben durch einen senkrechten Strich die Nachsilbe vom Wortstamm ab. Welche Nachsilben hast du gefunden? Ordne sie alphabetisch.

__________ __________ __________ __________ __________

Die häufigsten Nachsilben bei Nomen sind: **-ung**, **-heit**, **-keit**, **-nis** und **-schaft**.
Wörter mit **-nis**, **-schaft**, **-ung**, **-heit**, **-keit** schreibt man **groß** zu jeder Zeit.
Beachte: Nachsilbe **-nis** nur mit **s**, aber im Plural mit **ss**, z. B. Kenntni**s** - Kenntni**sse**.
Nachsilbe **-in** nur mit **n**, aber im Plural mit **nn**, z. B. Freundi**n** - Freundi**nn**en.

Nachsilben/Endungen bei **Fremdwörtern**

-age	-eur	-ie	-ier	-ik	-ismus	-tät	-tion	-um	-ur

Setze jeweils die fehlende Endung ein:

Reak_____	Reali_____	Kult_____	Blam_____	Sympath_____
Regiss_____	Turn_____	Mentali_____	Gest_____	Stadi_____

❷ Die wichtigsten Nachsilben bei Adjektiven

ruhig	natürlich	stürmisch	teilbar	ernsthaft	arbeitslos	furchtsam	aktuell	aktiv
kostbar	folgsam	krankhaft	fleißig	tadellos	freundlich	praktisch	positiv	speziell

Trenne bei den Wörtern oben durch einen senkrechten Strich die Nachsilbe vom Wortstamm ab. Welche Nachsilben hast du gefunden?

________ ________ ________ ________ ________ ________ ________ ________ ________

❸ Nomen und Adjektive kann man oft an ihren Nachsilben erkennen

Finde bei den Wörtern im Kästchen jeweils den ersten Buchstaben. Vervollständige die Tabelle und trage die Wörter entsprechend ein.

rlebnis - chwierig - rankheit -
urchtbar - parsam - orschung -
hrlich - annschaft - altlos -
abelhaft - eiterkeit - echnisch -
ntwicklung - riedlich - eilsam -
esellschaft - eidisch - larkeit -
eilbar - ahrhaft - ähigkeit -
reckig - rlaubnis - nstinktlos
Fremdwörter:
obilität - inanziell - ortion -
lavier - nergie - atum -
ationell - ptimismus - ritik -
arage - egativ - ensur - alheur

Nomen	Adjektive

Ich beachte Nachsilben. Sie verweisen darauf, ob ein Wort **groß-** oder **klein**geschrieben wird.
Bei **-heit**, **-keit**, **-ung**, **-nis**, **-schaft**, **-age**, **-eur**, **-ie**, **-tät**, **-tion** ➪ **Nomen** ➪ **Großschreibung**
Bei **-ig**, **-lich**, **-isch**, **-bar**, **-haft**, **-los**, **-sam**, **-ell**, **-iv** ➪ meist **Adjektive** ➪ **Kleinschreibung**

RS	Name: ______________________	Datum: ______________

Nachsilben

Nachsilben sind Wortbausteine, die **nach** dem Wortstamm stehen.

❶ Die wichtigsten Nachsilben bei Nomen

Freund|schaft	Heiser|keit	Zeug|nis	Frei|heit	Heiz|ung
Süßig|keit	Ergeb|nis	Erzähl|ung	Gemein|schaft	Frech|heit

Trenne bei den Wörtern oben durch einen senkrechten Strich die Nachsilbe vom Wortstamm ab. Welche Nachsilben hast du gefunden? Ordne sie alphabetisch.

-heit **-keit** **-nis** **-schaft** **-ung**

> Die häufigsten Nachsilben bei Nomen sind: **-ung**, **-heit**, **-keit**, **-nis** und **-schaft**.
> Wörter mit **-nis**, **-schaft**, **-ung**, **-heit**, **-keit** schreibt man **groß** zu jeder Zeit.
> Beachte: Nachsilbe **-nis** nur mit **s**, aber im Plural mit **ss**, z. B. Kenntni**s** - Kenntni**ss**e.
> Nachsilbe **-in** nur mit **n**, aber im Plural mit **nn**, z. B. Freundi**n** - Freundi**nn**en.

Nachsilben/Endungen bei **Fremdwörtern**

-age -eur -ie -ier -ik -ismus -tät -tion -um -ur

Setze jeweils die fehlende Endung ein:

Reak**tion**	Reali**tät**	Kult**ur**	Blam**age**	Sympath**ie**
Regiss**eur**	Turn**ier**	Mentali**tät**	Gest**ik**	Stadi**um**

❷ Die wichtigsten Nachsilben bei Adjektiven

ruh|ig	natür|lich	stürm|isch	teil|bar	ernst|haft	arbeits|los	furcht|sam	aktu|ell	akt|iv
kost|bar	folg|sam	krank|haft	fleiß|ig	tadel|los	freund|lich	prakt|isch	posit|iv	spezi|ell

Trenne bei den Wörtern oben durch einen senkrechten Strich die Nachsilbe vom Wortstamm ab. Welche Nachsilben hast du gefunden?

-bar **-haft** **-ig** **-isch** **-lich** **-los** **-sam** **-ell** **-iv**

❸ Nomen und Adjektive kann man oft an ihren Nachsilben erkennen

Finde bei den Wörtern im Kästchen jeweils den ersten Buchstaben. Vervollständige die Tabelle und trage die Wörter entsprechend ein.

rlebnis - chwierig - rankheit - urchtbar - parsam - orschung - hrlich - annschaft - altlos - abelhaft - eiterkeit - echnisch - ntwicklung - riedlich - eilsam - esellschaft - eidisch - larkeit - eilbar - ahrhaft - ähigkeit - reckig - rlaubnis - nstinktlos
Fremdwörter:
obilität - inanziell - ortion - lavier - nergie - atum - ationell - ptimismus - ritik - arage - egativ - ensur - alheur

Nomen	Adjektive
Erlebnis, Krankheit,	**schwierig, furchtbar,**
Forschung, Mannschaft,	**sparsam, ehrlich, haltlos,**
Heiterkeit, Entwicklung,	**fabelhaft, technisch,**
Gesellschaft, Klarheit	**friedlich, heilsam, neidisch,**
Fähigkeit, Erlaubnis	**heilbar, nahrhaft, dreckig,**
	instinktlos
Mobilität, Portion, Klavier,	**finanziell, rationell,**
Datum, Optimismus, Kritik,	**negativ**
Garage, Zensur, Malheur	

> Ich beachte Nachsilben. Sie verweisen darauf, ob ein Wort **groß**- oder **klein**geschrieben wird.
> Bei **-heit**, **-keit**, **-ung**, **-nis**, **-schaft**, **-age**, **-eur**, **-ie**, **-tät**, **-tion** ➪ **Nomen** ➪ **Großschreibung**
> Bei **-ig**, **-lich**, **-isch**, **-bar**, **-haft**, **-los**, **-sam**, **-ell**, **-iv** ➪ meist **Adjektive** ➪ **Kleinschreibung**

RS	Name:	Datum:

Übersicht über die Wortbausteine

Anfangsbausteine		**Hauptbaustein**	**Endbausteine**
Vorsilben (unselbständig)	**Kleinwörter** (selbständig)	**WORTSTAMM**	**Nachsilben**
Verb/Nomen		z. B.	Nomen
be-	ab- hin-	acht	-heit -in
ent-	an- mit-	bau	-keit -ling
er-	auf- nach-	fahr	-ung -tum
ge-	aus- über-	fall	-nis -chen
miss-	bei- um-	lauf	-schaft -lein
ver-	durch- unter-	lass	Adjektiv
zer-	ein- vor-	leg	-ig -bar
Nomen/Adjektiv	gegen- weg-	setz	-lich -haft
un-	her- zu-	stell	-isch -los
ur-	zurück-	zieh	-sam
	zusammen-		

Von einem **Wortstamm abgeleitete Wörter** sind miteinander **verwandt** und bilden eine

W O R T F A M I L I E.

Bist du ein guter Wortbaumeister?

Am Beispiel des Wortes **lassen** mit dem Wortstamm **„lass/läss"** kannst du selbst feststellen, wie enorm der Wortschatz wächst, wenn man gut mit den einzelnen Bausteinen kombinieren kann. Betrachte genau die Tabelle mit den Anfangsbausteinen (Vorsilben + Kurzwörtern) und den Nachsilben. Finde mit diesen Bausteinen, die mehrmals zu verwenden sind, mindestens 20 Wörter? Schreibe die Wörter zuerst auf den Block und wähle dann die wichtigsten aus. Wähle danach ein weiteres Wort und mache das Ganze nocheinmal.

Wörter mit dem Wortstamm ______:

① Nomen mit Vorsilben/Kurzwörtern:

______

② Verben mit Vorsilben/Kurzwörtern:

______

______

③ Nomen mit Vorsilben und Nachsilben:

______

④ Adjektive mit der Nachsilbe „-ig" oder „-lich":

______

⑤ Nomen mit zwei Nachsilben:

______

Dieses Beispiel zeigt ganz deutlich:

Wenn ich nur einen Wortstamm kenne, kann ich mit diesem und Minibausteinen noch viele neue Wörter bilden, die alle den gleichen Wortstamm haben. Mein Wortschatz wächst und wächst.

RS	Name:	Datum:

Übersicht über die Wortbausteine

Anfangsbausteine		Hauptbaustein	Endbausteine
Vorsilben (unselbständig)	**Kleinwörter** (selbständig)	**WORTSTAMM**	**Nachsilben**
Verb/Nomen		z. B.	Nomen
be-	ab- hin-	acht	-heit -in
ent-	an- mit-	bau	-keit -ling
er-	auf- nach-	fahr	-ung -tum
ge-	aus- über-	fall	-nis -chen
miss-	bei- um-	lauf	-schaft -lein
ver-	durch- unter-	lass	Adjektiv
zer-	ein- vor-	leg	-ig -bar
Nomen/Adjektiv	gegen- weg-	setz	-lich -haft
un-	her- zu-	stell	-isch -los
ur-	zurück-	zieh	-sam
	zusammen-		

Von einem **Wortstamm abgeleitete Wörter** sind miteinander **verwandt** und bilden eine

W O R T F A M I L I E.

Bist du ein guter Wortbaumeister?

Am Beispiel des Wortes **lassen** mit dem Wortstamm **„lass/läss"** kannst du selbst feststellen, wie enorm der Wortschatz wächst, wenn man gut mit den einzelnen Bausteinen kombinieren kann. Betrachte genau die Tabelle mit den Anfangsbausteinen (Vorsilben + Kurzwörtern) und den Nachsilben. Finde mit diesen Bausteinen, die mehrmals zu verwenden sind, mindestens 20 Wörter? Schreibe die Wörter zuerst auf den Block und wähle dann die wichtigsten aus. Wähle danach ein weiteres Wort und mache das Ganze nocheinmal.

Wörter mit dem Wortstamm **lass/läss**:

① Nomen mit Vorsilben/Kurzwörtern:
Ablass, Anlass, Anlasser, Durchlass, Einlass, Erlass, Nachlass, Verlass

② Verben mit Vorsilben/Kurzwörtern:
ablassen, an-, auf-, aus-, durch-, ein-, ent-, er-, her-, heraus-, herein-, hin-, hinein-, nach-, über-, unter-, ver-, vor-, vorbei-, weg-, zu-, zurück-, zusammenlassen

③ Nomen mit Vorsilben und Nachsilben:
Auflassung, Auslassung, Entlassung, Gelassenheit, Unterlassung, Veranlassung, Zulassung

④ Adjektive mit der Nachsilbe „-ig" oder „-lich":
lässig, nachlässig, durchlässig, zulässig, anlässlich, verlässlich, zuverlässig

⑤ Nomen mit zwei Nachsilben:
Lässigkeit, Nachlässigkeit, Durchlässigkeit, Verlässlichkeit, Zuverlässigkeit

Dieses Beispiel zeigt ganz deutlich:

Wenn ich nur einen Wortstamm kenne, kann ich mit diesem und Minibausteinen noch viele neue Wörter bilden, die alle den gleichen Wortstamm haben. Mein Wortschatz wächst und wächst.

RS	Name: ____________________	Datum: ____________

Zusammengesetzte Wörter

Eine **Wörterzusammensetzung** kann aus **zwei** oder **mehreren selbständigen Wörtern** bestehen, von denen jedes einen **eigenen Wortstamm** hat.

❶ Zusammensetzungen aus zwei Wörtern

Trenne die folgenden zusammengesetzten Wörter durch einen senkrechten Strich voneinander ab.

Wörterbuch	hellblau	Projektgruppe	pudelwohl	gutschreiben	Friseursalon

Die Wörterzusammensetzungen bestehen jeweils aus zwei Wörtern.
Dabei ist das 1. Wort das **Bestimmungswort**, das 2. Wort das **Grundwort.**

Schreibe bei den folgenden Wörtern nach gegebenem Muster nochmals daneben, aus welchen Wörtern sie bestehen und trage in die Klammer jeweils den Anfangsbuchstaben der Wortart ein. (N = Nomen, V = Verb, A = Adjektiv)

Schnellzug	lauwarm	Gießkanne	haushoch	Extrablatt	fertigmachen
nasskalt	Realpolitik	kranklachen	Waschmaschine	riesengroß	teilnehmen

Zusammenges. Wort	besteht aus den Wörtern Bestimmungswort	Grundwort	Zusammenges. Wort	besteht aus den Wörtern Bestimmungswort	Grundwort
Schnellzug	schnell (A)	Zug (N)		( )	( )
	( )	( )		( )	( )
	( )	( )		( )	( )
	( )	( )		( )	( )
	( )	( )		( )	( )
	( )	( )		( )	( )

Kannst du einen Zusammenhang zwischen Grundwort und Groß- oder Kleinschreibung des zusammengesetzten Wortes feststellen?

> **Die Groß-** oder **Kleinschreibung** von zusammengesetzten Wörtern richtet sich jeweils nach dem **Grundwort** (= zweites oder letztes Wort der Zusammensetzung).

❷ Zusammensetzungen aus drei und mehr Wörtern

Zerlege die folgenden zusammengesetzten Wörter durch einen senkrechten Strich und schreibe nur die letzten Wörter (= Grundwörter) daneben. Welchen Zusammenhang zwischen dem zusammengesetzten Wort und dem Grundwort kannst du feststellen?

Kurzstreckenläufer	____________	Autobahndreieck	____________
schwarzrotgolden	____________	Altstadtmarktplatz	____________
zwirnfadendünn	____________	kilometerlang	____________

Schreibe bei den folgenden zusammengesetzten Wörtern nochmals die einzelnen Wörter mit ihrem Artikel daneben. Setze auch vor das zusammengesetzte Wort den Artikel. Was kannst du feststellen?

_____ Handballtrainer ______________________________

_____ Bildergeschichtenbuch ______________________________

_____ Kinderschutzimpfung ______________________________

_____ Stichwortverzeichnis ______________________________

> Durch das **Grundwort** wird festgelegt, ob das zusammengesetzte Wort **groß-** oder **kleingeschrieben** wird. Bei einem Nomen richtet sich auch der **Artikel** immer nach dem **Grundwort**.

RS Name: ______________________ Datum: ______________

Zusammengesetzte Wörter

Eine **Wörterzusammensetzung** kann aus **zwei** oder **mehreren selbständigen Wörtern** bestehen, von denen jedes einen **eigenen Wortstamm** hat.

❶ Zusammensetzungen aus zwei Wörtern

Trenne die folgenden zusammengesetzten Wörter durch einen senkrechten Strich voneinander ab.

Wörter|buch — hell|blau — Projekt|gruppe — pudel|wohl — gut|schreiben — Friseur|salon

Die Wörterzusammensetzungen bestehen jeweils aus zwei Wörtern.
Dabei ist das 1. Wort das **Bestimmungswort**, das 2. Wort das **Grundwort.**

Schreibe bei den folgenden Wörtern nach gegebenem Muster nochmals daneben, aus welchen Wörtern sie bestehen und trage in die Klammer jeweils den Anfangsbuchstaben der Wortart ein.
(N = Nomen, V = Verb, A = Adjektiv)

Schnellzug — lauwarm — Gießkanne — haushoch — Extrablatt — fertigmachen

nasskalt — Realpolitik — kranklachen — Waschmaschine — riesengroß — teilnehmen

Zusammenges. Wort	besteht aus den Wörtern Bestimmungswort	Grundwort	Zusammenges. Wort	besteht aus den Wörtern Bestimmungswort	Grundwort
Schnellzug	schnell (A)	Zug (N)	**Gießkanne**	**gießen (V)**	**Kanne (N)**
lauwarm	**lau (A)**	**warm (A)**	**Realpolitik**	**real (A)**	**Politik (N)**
haushoch	**Haus (N)**	**hoch (A)**	**kranklachen**	**krank (A)**	**lachen (V)**
Extrablatt	**extra (A)**	**Blatt (N)**	**Waschmaschine**	**waschen (V)**	**Maschine (N)**
fertigmachen	**fertig (A)**	**machen (V)**	**riesengroß**	**Riese (N)**	**groß (A)**
nasskalt	**nass (A)**	**kalt (A)**	**teilnehmen**	**Teil (N)**	**nehmen (V)**

Kannst du einen Zusammenhang zwischen Grundwort und Groß- oder Kleinschreibung des zusammengesetzten Wortes feststellen?

Die Groß- oder **Kleinschreibung** von zusammengesetzten Wörtern richtet sich jeweils nach dem **Grundwort** (= zweites oder letztes Wort der Zusammensetzung).

❷ Zusammensetzungen aus drei und mehr Wörtern

Zerlege die folgenden zusammengesetzten Wörter durch einen senkrechten Strich und schreibe nur die letzten Wörter (= Grundwörter) daneben. Welchen Zusammenhang zwischen dem zusammengesetzten Wort und dem Grundwort kannst du feststellen?

Kurz|strecken|läufer	**der Läufer**	Auto|bahn|drei|eck	**das Eck**
schwarz|rot|golden	**golden**	Alt|stadt|markt|platz	**der Platz**
zwirn|faden|dünn	**dünn**	kilo|meter|lang	**lang**

Schreibe bei den folgenden zusammengesetzten Wörtern nochmals die einzelnen Wörter mit ihrem Artikel daneben. Setze auch vor das zusammengesetzte Wort den Artikel. Was kannst du feststellen?

der	Handballtrainer	**die Hand, der Ball, der Trainer**
das	Bildergeschichtenbuch	**die Bilder, die Geschichten, das Buch**
die	Kinderschutzimpfung	**die Kinder, der Schutz, die Impfung**
das	Stichwortverzeichnis	**der Stich, das Wort, das Verzeichnis**

Durch das **Grundwort** wird festgelegt, ob das zusammengesetzte Wort **groß-** oder **kleingeschrieben** wird. Bei einem Nomen richtet sich auch der **Artikel** immer nach dem **Grundwort**.

RS	Name: ______________________	Datum: ______________

Schwierige Nahtstellen bei zusammengesetzten Wörtern

Bei der Zusammensetzung von abgeleiteten Wörtern, z. B. Wörtern mit Vor- und Nachsilben und zusammengesetzten Wörtern aus zwei oder mehr Wörtern können schwierige Nahtstellen entstehen. Es können aufeinandertreffen:

- mehrere Konsonanten (Konsonantenhäufung), z. B. abends, ernsthaft, Herbstblume

  ____

- zwei ähnlich klingende Mitlaute, z. B. entdecken, Wandteppich, Bergkreuz

  ____

- zwei gleiche Konsonanten oder Vokale, z. B. verreisen, enttäuschen; Kooperation, Beerdigung

  ____

❶ Dreifachlaute bei Wortzusammensetzungen

Ergänze die Tabelle.

eee/ee-E	fff/ff-F	lll/ll-L	mmm/mm-M
Seeelefant	Schifffahrt	Schnellläufer	Programmmusik
(See-Elefant)	(Schiff-Fahrt)	(Schnell-Läufer)	(Programm-Musik)

nnn/nn-N	sss/ss-S		ttt/tt-T
Brennnessel	Schlusssatz		Betttuch
(Brenn-Nessel)	(Schluss-Satz)		(Bett-Tuch)
ppp/pp-P			
Pappplakat			
(Papp-Plakat)			

❸ Der Fugenbaustein

Bei zusammengesetzten Nomen kann ein weiterer Baustein, ein Fugen-„s“, eingefügt sein.

Arbeit + s + Kollege ➪ Arbeitskollege   Diskussion + s + Thema ➪ ______________

Krieg + s + Gefahr ➪ ______________   Reaktion + s + Zeit ➪ ______________

Dieses Verbindungs-„s“ ist auch ein kleiner Baustein, der nicht vergessen werden darf.

Manchmal kann als Verbindungsbaustein auch auftreten: -e-   -n-   -es-   -en-

Setze jeweils die passenden Fugenbausteine ein:

Geburt___tag - Schwein___braten - Gott___dienst - Blume___kohl - Bund___kanzlerin - Interesse___konflikt - kooperation___bereit - Klasse___zimmer - Held___brust - Boot___steg

Markiere jeweils die Fugenbausteine.

> Ich beachte bei zusammengesetzten Wörtern den **Fugenbaustein** (meist ein „-s-“), der darauf verweist, dass ein Wort **zusammen**geschrieben wird.

RS	Name:	Datum:

Schwierige Nahtstellen bei zusammengesetzten Wörtern

Bei der Zusammensetzung von abgeleiteten Wörtern, z. B. Wörtern mit Vor- und Nachsilben und zusammengesetzten Wörtern aus zwei oder mehr Wörtern können schwierige Nahtstellen entstehen. Es können aufeinandertreffen:

• mehrere Konsonanten (Konsonantenhäufung), z. B. abends, ernsthaft, Herbstblume
entfliehen, Geburtstag, Angst, Obstbaum, anspringen, Zukunftsplan

• zwei ähnlich klingende Mitlaute, z. B. entdecken, Wandteppich, Bergkreuz
Handtuch, lobpreisen, wegkommen, Leidtragender, Mopedtank, Flugkörper

• zwei gleiche Konsonanten oder Vokale, z. B. verreisen, enttäuschen; Kooperation, Beerdigung
erreichen, auffassen, Aussehen, Koordination, Berggipfel, Laubbaum, Rohheit, beenden

❶ Dreifachlaute bei Wortzusammensetzungen

Ergänze die Tabelle.

eee/ee-E	fff/ff-F	lll/ll-L	mmm/mm-M
Seeelefant	Schifffahrt	Schnellläufer	Programmmusik
(See-Elefant)	(Schiff-Fahrt)	(Schnell-Läufer)	(Programm-Musik)
Teeei	**Stofffülle**	**Rollladen**	**Stammmutter**
(Tee-Ei)	**Stofffetzen**	**Stalllicht**	**Dämmmaterial**
Kaffeeernte	**Rifffelsen**	**Stillleben**	**Stemmmeißel**
(Kaffee-Ernte)		**Metalllegierung**	

nnn/nn-N	sss/ss-S		ttt/tt-T
Brennnessel	Schlusssatz	**Fresssucht**	Betttuch
(Brenn-Nessel)	(Schluss-Satz)	**(Fress-Sucht)**	(Bett-Tuch)
Trennnaht	**Passstraße**	**Rissstelle**	**Betttruhe**
ppp/pp-P	**Passstelle**	**Nussschale**	**Balletttanz**
Pappplakat	**Nassschnee**	**schusssicher**	**Fetttropfen**
(Papp-Plakat)	**Schlussstrich**	**Flusssand**	**Blatttrieb**

❸ Der Fugenbaustein

Bei zusammengesetzten Nomen kann ein weiterer Baustein, ein Fugen-„s“, eingefügt sein.

Arbeit + s + Kollege ➪ Arbeitskollege — Diskussion + s + Thema ➪ **Diskussionsthema**

Krieg + s + Gefahr ➪ **Kriegsgefahr** — Reaktion + s + Zeit ➪ **Reaktionszeit**

Dieses Verbindungs-„s“ ist auch ein kleiner Baustein, der nicht vergessen werden darf.

Manchmal kann als Verbindungsbaustein auch auftreten: -e- -n- -es- -en-

Setze jeweils die passenden Fugenbausteine ein:

Geburt **s** tag - Schwein **e** braten - Gott **es** dienst - Blume **n** kohl - Bund **es** kanzlerin - Interesse **n** konflikt - kooperation **s** bereit - Klasse **n** zimmer - Held **en** brust - Boot **s** steg

Markiere jeweils die Fugenbausteine.

Ich beachte bei zusammengesetzten Wörtern den **Fugenbaustein** (meist ein „-s-“), der darauf verweist, dass ein Wort **zusammen**geschrieben wird.

RS | Name: ______________________ | Datum: ______________

Die Wortbaustein - Strategie

Mehrfachstrategien bei abgeleiteten und zusammengesetzten Wörtern

Diese Mehrfachstrategien können erst angewendet werden, wenn man die Strategien zu Denk- und Merkwörtern beherrscht.

❶ Aus welchen Bausteinen besteht das Wort?
❷ Welche Schwierigkeit(en) haben die einzelnen Bausteine?
❸ Ich schreibe jeden Baustein ganz aus und beachte dabei besonders die Nahtstelle(n).
❹ Erhalte ich durch Wortbausteine noch weitere Hinweise?

❶ Aus welchen Bausteinen besteht das Wort?

Ich zerlege mit senkrechten Strichen (Bleistift) oder gedanklich das Wort in seine Wortbausteine, z. B.
ver|biet|est, Ent|deck|ung, Flug|platz, Fuß|ball|tor|netz

❷ Welche Schwierigkeit(en) haben die einzelnen Wortbausteine?

Dabei beachte ich besonders den **Wortstamm**:
Gehört er zu einem Hör-, Denk- oder Merkwort?

[such] = Hörwort, [lieb] = Denkwort, [fehl] = Merkwort
Wenn ich einen Wortstamm kenne, kann ich auch die mit ihm verwandten Wörter richtig schreiben.

[such] : Suche, besuchen, Versuch
[lieb] : Liebe, verlieben, lieblich (ie)(ie)
[fehl] : fehlen, Fehler, Befehl, Fehltritt (h)(h)
V er/or **Vorsilben** ver- und vor- immer mit „v“.

❸ Ich spreche jeden Wortbaustein überdeutlich mit und schreibe ihn ganz aus. Dabei beachte ich besonders die **Nahtstelle(n)** von Bausteinen.

Schwierige Nahtstellen bei abgeleiteten oder zusammengesetzten Wörtern. Es können aufeinandertreffen:
- mehrere Mitlaute (Konsonantenhäufung), z. B.: e**ntspr**echen, e**rnsth**aft, I**mpfst**off
- zwei ähnlich klingende Konsonanten, z. B.: Han**dt**uch
- zwei gleiche Konsonanten oder Vokale, z. B.: ve**rr**aten, b**ee**nden, Be**rgg**ipfel
- drei gleiche Konsonanten oder Vokale, z. B.: Schi**fff**ahrt (Schiff-Fahrt), T**eee**i (Tee-Ei)

❹ Erhalte ich durch Wortbausteine noch weitere Hinweise?

Die **Groß**- oder **Kleinschreibung** bei einem zusammengesetzten Wort richtet sich nach dem **Grundwort** (Gw).
- Gw = Nomen ➪ Großschreibung , z. B.:
Haustür, **S**chnellzug, **H**ochhaus, **T**iefbau, **S**chöngeist
- Gw = Adjektiv ➪ Kleinschreibung, z. B.:
hitzefrei, **e**iskalt, **m**esserscharf, **h**autnah, **l**ammfromm

Nachsilben zeigen die **Groß-** oder **Kleinschreibung** an.
- **Großschreibung**, z. B. bei -heit, -nis, -ung, -ie, -tät, -tion
  Bsp.: **G**esundheit, **E**rlebnis, **Ü**bung, **E**nergie, **R**eaktion
- **Kleinschreibung**, z. B. bei -ig, -lich, -isch, -los, -ell, -iv
  Bsp.: **e**ifrig, **e**ndlich, **l**aunisch, **r**atlos, **f**inanziell, **p**ositiv

Fugenbausteine (s, e, en, es, n) verweisen auf eine Zusammenschreibung, z. B. Arbeit**s**platz, tag**s**über, Bad**e**hose, Sonne**n**brand, mensch**en**leer, Meer**es**tiefe

Mehrfachstrategien bei abgeleiteten und zusammengesetzten Wörtern

Fülle nach dem gegebenen Muster die Tabelle aus.

Wort und Wortbausteine	Schwierigkeit einzelner Wortbausteine	Nahstelle markieren	weitere Hinweise
Süß|stoff	süß = Vß → üß Stoff = VdM → off	Süßstoff	Gw = Nomen → Großschr.
au|fäll|ig	fällig = VdM → äll = (ä)(a) von Fall → ä = ☐→ fälliger → g	auffällig	Abgeleitetes Wort mit NS -ig → Kleinschreibung
Überrundung			
individuell			
Melancholie			
Rollladen			
Wandteller			
diensttauglich			
betriebsbereit			

Mehrfachstrategien bei abgeleiteten und zusammengesetzten Wörtern

Fülle nach dem gegebenen Muster die Tabelle aus.

Wort und Wortbausteine	Schwierigkeit einzelner Wortbausteine	Nahstelle markieren	weitere Hinweise
Süß|stoff	süß = Vß → üß Stoff = VdM → off	Süßstoff	Gw = Nomen → Großschr.
au|fäll|ig	fällig = VdM → äll = (ä)(a) von Fall → ä = ☐→ fälliger → g	auffällig	Abgeleitetes Wort mit NS -ig ig → Kleinschreibung
Über|rund|ung	rund = ☐→ runder → d	Überrundung	NS -ung → Großschreibung
in|dividu|ell	FW: w → v, NS -ell		NS -ell → Kleinschreibung
Melancholie	FW: ch wie k i am Wortende → ie		NS -ie → Großschreibung
Roll|laden	Roll: VdM → oll	Rollladen	Gw = Nomen → Großschr.
Wand|teller	Wand = ☐→ Wände → d Teller = VdM → ell	Wandteller	Gw = Nomen → Großschr.
dienst|taug|lich	Dienst = i → ie → ie taug = ☐→ taugen → g	diensttauglich	NS -lich → Kleinschreibung
betrieb|s|bereit	Betrieb: i → ie ☐→ Betriebe	betriebsbereit	-s- verweist auf Zusammen-schreibung

Häufige Fehlerwörter

Abend, am Abend
heute/gestern Abend, **abends**
Ärger, ärgern
alle, alles
allein
allerdings
allgemein, im Allgemeinen
allzu, allzu viel
alt
andere, anders, der andere
ändern
Angst, **ängstlich**, Angst haben
Antwort, antworten
Arzt, ärztlich
außen, außer
außerdem
außergewöhnlich
Baby, Babys
bald
bestehlen
beide, die beiden
Beispiel
bekommen, bekommst, bekam
belohnen
Bescheid
besser, der Beste
bis, bis heute
Biss
bisschen, **ein bisschen**
blieben
bloß
Bluejeans
böse, das Böse
Chaos, chaotisch
Charakter
City
Container
Clown
dann
das, dasselbe
dass, außer dass,ohne dass
Definition
denn
dies, diesem
direkt
draußen
dunkel, dunkelblau
Durst
duzen
eben, ebenfalls
ebenso gut

eigentlich
einigermaßen
einmal
empfehlen
end-
Ende, **endlich**
ent-, entfernen
erschrecken
  erschrak(en)
  erschrocken
erzählen
essen, das Essen
  isst, **aßen**
Fabrik
fahren, fährt
  fuhr(en)
  Fahrrad (Fahrräder)
  Fahrt
Fall, fallen
  fällt, **fiel**
fehlen, Fehler
Fernsehen
fertig, Fertigkeit
fit, fitter, am fittesten, Fitness
fleißig, Fleiß
fließen, floss
fressen
  frisst, fraßen
Frühstück
geben, gibt
ganz
gar, gar kein
gar nicht, gar nichts
gehen, ging(en)
geschehen
  geschieht, geschah
Glück, **glücken**
Grauen, grausam, Gräuel
groß, größer
  größte, der Größte
gucken, **guckst**
  guckte, **geguckt**
gut, das Gute
hält, hältst
Hass, hässlich
  du hasst
hat, hast
  hatte(n), hätte
hell
her, her-
  heran, herein

hier bleiben/sein
hinauf-, hinaufsteigen
hinaus-, hinausschauen
hinterher, hinterhergehen
Hunger, hungrig
ich
Idee
ihm
ihn, **ihnen**
ihr(em)
im
immer
interessant
  Interesse
  interessieren
irgend-, irgendein(er)
  irgendwie, irgendwo
Jahr, jährlich
jemand
jetzt
Job
Kaffee
kaputt
keinen, keiner
keinesfalls, keineswegs
kennen, kannten
Kind
kommen
  komm(s)t, kamen
können, **kann(st)**
  konnte(n), könnte
kriegen, kriegt
Kritik, kritisch
lachen, lächeln
lassen, **lässt, ließ(en)**
leben, das Leben
Lehrer/in, Lehrerinnen
lernen, das Lernen
lesen, **liest**
letzte, der Letzte
los-, loslassen
Mädchen
mal, einmal, mehrmals
Mal, das eine Mal
mehrere Male
man
mehr
mein, meinem, meinen
meist(ens)
Mini
Minute

miss-, missachten
mit-, miteinander
mitteilen
Mitte
Mittag, Nachmittag
Mittel, mittels
morgen, der Morgen
  morgen Abend
  heute Morgen
  morgens
müssen, **muss(t)**
  musste
Mutter
nach
  nach Hause/nachhause
nachdem
nachmachen
nächste(n), **der Nächste**
nah(e)
nämlich, **Name**
nehmen, **nimm(s)t**
  nahm(en)
nicht(s)
nie, niemals
Nummer, nummerieren
ohne
paar (einige)
  ein paar Euro
Paar (zwei)
  ein Paar Schuhe
Pass, passen
passieren, **passiert**
Platz, platzieren
Pullover
plötzlich
Rad, Rad fahren
rauchen
rennen, **rannte(n)**
rufen, rief(en)
Ruhe, **ruhig**
Sache
sagt(e)
schaffen, Geschäft
schlecht, der Schlechteste
schließen, schlossen
  schließlich
  Schloss, Schluss
schlimm
schnell
schön
Schreck, **schrecklich**
schreien
schwarz
sehen, **sieh(s)t**
  sah(en)
sein, seid, sind
sein, seinem, seinen
Seite
selbst
selbständig/selbstständig
sie, Sie
sitzen, **sitzt**
  saß(en), gesessen
sollen, soll(st)
  sollten
Spaß, spaßig
spazieren, spaziert
  spazieren gehen
Spiel
  spielen, spiel(s)t
stehen, stand(en)
Stein
Stelle, stellen
Stiel (Besen)
Stil (Aufsatz, Kunst)
still, stilllegen
Straße
Stück
Sympathie, sympathisch
Tag(es), Tagesgespräch
Team, Teamarbeit
Tod, **tödlich**
tot, **töten**
Trainig, trainieren
trotzdem
überhaupt
und
unser
Vater
ver-, vergessen
verlassen, verlässlich
verlieren
verschieden
verwandt
viel(e), so viel(e), wie viel(e)
vielleicht
Vogel
voll
voneinander
vor, vor allem
vor-, vorgehen
Voraussetzung
vorbei sein
vorbei-, vorbeikommen
wahr, **wahrscheinlich**
während
waren, wäre(n)
Wasser, wässrig
wechseln, der Wechsel
Weg, unterwegs
weg-, weggehen
Weihnachten
Weile
weit(er)
wenig, zu wenig
wenn
werden, wird
wider (gegen)
widersprechen
wieder (nochmals)
wiedersehen, wiederkommen
will
wir
wissen, **weiß(t)**
  wusste(n), **wüsste(n)**
wissen, das Wissen
wollen, wollte(n)
Zahl, zahlen, zählen
Zeit
ziemlich
zu Ende, zu viel(e)
zuerst
zu Hause/zuhause
zuletzt
zurück, zurück-
zurückgeben, zurückkehren, zurückkommen
zusammen, zusammen-
zusammenfassen, zusammensetzen
zuverlässig

RS	Name: ______________________	Datum: ______________

So verbessere ich richtig

In dem folgenden Text stecken Fehler. Wie viele findest du? Streiche sie an.

Das berümteste Radrennen der Welt
Die Tour de France ist nach den olympischen Spielen und der Fußball-Weltmeisterschaft die Drittgrößte Sportveranstalltung der Welt. Sie wird drei Wochen lang im Juli ausgetragen. Die insgesamt zu absolwierende Strecke wird Jährlich neu festgelegt. Nach den Dopingvorfällen der letzten Jahre wurde sie deutlich reduziert und beträgt seidem zirka 3500 Kilometer. Die von den Fahrern benötigten Zeiten aller Etapen werden adiert. Wer in Paris am Ende die wenigste Zeit auf seinem Konto hat, gewinnt die Rundfahrt, die als die Härteste aller Radrennen gilt. Meißt endscheidet sich in den steilen Aufstiegen zu den Pürenäen und Alpen an oft heissen Sommertagen die gesamtwertung der Tour.

Ich habe insgesamt _____ Fehler gefunden.

So verbessere ich richtig!

❶ Ich unterstreiche die Fehlerstelle rot, z. B. berümt, olympisch, Sportveranstalltung

❷ Ich schreibe in Kurzform, was ich denke, um den Fehler zu berichtigen, z. B. berühmt kommt von Ruhm ➪ Merkwort mit h, Ruhm ≠ Rum (Branntwein). Bei Etappe höre ich nach dem kurz gesprochenem Selbstlaut nur den einen Mitlaut p, deshalb pp (VdM). Oder: Nach V wird, wenn nur ein Mitlaut folgt, dieser verdoppelt.

❸ Aufgrund dieser Überlegungen schreibe ich das Wort nochmals richtig mit Markierung der Schwierigkeit und Ergänzungen, z. B. berühmt, Ruhm, rühmen.

Oft helfen verwandte Wörter, um ein Wort richtig zu schreiben.

Kannst du mit der folgenden Tabelle auch die übrigen Fehler verbessern? Nimm deine Liste mit Abkürzungen zu Hilfe.

Fehlerwörter	Zeichen Kürzel	Ich denke so, um den Fehler zu berichtigen	Verbesserungen und Markierungen mit Ergänzungen
berümt	Vh	➪ Ruhm, Merkwort mit h	ber**üh**mt, R**uh**m, r**üh**men
olympische Spiele	Nomen	Eigenname ➪ Großschreibung	der **A**tlantische Ozean
Drittgrößte			
Sportveranstalltung			
adiert			
absolwieren			
Jährlich			
seidem			
Etapen			
die Härteste			
meißt			
endscheiden			
Pürenäen			
heiss			
gesamtwertung			

RS Name: ______________________ Datum: ______________

So verbessere ich richtig

In dem folgenden Text stecken Fehler. Wie viele findest du? Streiche sie an.

Das berümteste Radrennen der Welt
Die Tour de France ist nach den olympischen Spielen und der Fußball-Weltmeisterschaft die Drittgrößte Sportveranstalltung der Welt. Sie wird drei Wochen lang im Juli ausgetragen. Die insgesamt zu absolwierende Strecke wird Jährlich neu festgelegt. Nach den Dopingvorfällen der letzten Jahre wurde sie deutlich reduziert und beträgt seidem zirka 3500 Kilometer. Die von den Fahrern benötigten Zeiten aller Etapen werden adiert. Wer in Paris am Ende die wenigste Zeit auf seinem Konto hat, gewinnt die Rundfahrt, die als die Härteste aller Radrennen gilt. Meißt endscheidet sich in den steilen Aufstiegen zu den Pürenäen und Alpen an oft heissen Sommertagen die gesamtwertung der Tour.

Ich habe insgesamt __15__ Fehler gefunden.

So verbessere ich richtig!
❶ Ich unterstreiche die Fehlerstelle rot, z. B. berümt, olympisch, Sportveranstalltung
❷ Ich schreibe in Kurzform, was ich denke, um den Fehler zu berichtigen, z. B. berühmt kommt von Ruhm ⇨ Merkwort mit h, Ruhm ≠ Rum (Branntwein). Bei Etappe höre ich nach dem kurz gesprochenem Selbstlaut nur den einen Mitlaut p, deshalb pp (VdM). Oder: Nach V wird, wenn nur ein Mitlaut folgt, dieser verdoppelt.
❸ Aufgrund dieser Überlegungen schreibe ich das Wort nochmals richtig mit Markierung der Schwierigkeit und Ergänzungen, z. B. berühmt, Ruhm, rühmen.
Oft helfen verwandte Wörter, um ein Wort richtig zu schreiben.

Kannst du mit der folgenden Tabelle auch die übrigen Fehler verbessern? Nimm deine Liste mit Abkürzungen zu Hilfe.

Fehlerwörter	Zeichen Kürzel	Ich denke so, um den Fehler zu berichtigen	Verbesserungen und Markierungen mit Ergänzungen
berümt	Vh	⇨ Ruhm, Merkwort mit h	ber**üh**mt, R**uh**m, r**üh**men
olympische Spiele	Nomen	Eigenname ⇨ Großschreibung	**O**lymp. Spiele, **A**tlantische Ozean
Drittgrößte	Adjektiv	eingeschobenes Adj. ⇨ Kschr.	der **s**chnellste Läufer
Sportveranstalltung	VMM	nach V zwei versch. Mitlaute	Verwa**lt**ung, gewa**lt**ig
adiert	VdM	kein V und dM ⇨ Merkwort	a**dd**ieren, A**tt**est, A**ff**ekt
absolwieren	v wie w	Fremdwort v wie w gesprochen	absol**v**ierend, Re**v**ol**v**er
Jährlich	⇩ NS -lich	NS -lich ⇨ Adj. ⇨ Kleinschr.	**t**äg**lich**, **z**eit**lich**
seidem	Hörfehler	seitdem; seidem gibt es nicht	seither
Etapen	VM	nach ä nur p hörbar ⇨ pp	Eta**pp**e, Tre**pp**e, Gru**pp**e
die Härteste	⇩	Adj. ⇨ Bezug auf nachf. Nomen	die härteste aller Radrundfahrten
meißt	VM	Nach V meist nur s	mei**s**ten, Mei**s**ter, lei**s**e
endscheiden	VS ent-	VS ent- immer mit t	en**t**decken, en**t**fernen
Pürenäen	y ≈ ü	Merkwort mit y	P**y**renäen, P**y**ramide, Anal**y**se
heiss	Vß	Merkwort mit ß	hei**ß**, Hei**ß**hunger, hei**ß**blütig
gesamtwertung	Artikel + N	Nach „die" folgt N ⇨ ↑	**die R**undfahrt, **die S**trecke

RS | Name: ____________________ | Datum: ____________________

Im Wörterbuch nachschlagen

In den meisten Wörterbüchern erhältst du nicht nur die richtige Schreibweise eines Wortes, sondern noch weitere Hinweise.

❶ So können Nomen (Namenwörter) im Wörterbuch stehen:

① Begleiter (Artikel) des Nomens
② Das ist die Mehrzahl (Plural) des Wortes
③ So wird das Wort getrennt
So wird das Wort richtig geschrieben
④ So wird das Wort ausgesprochen
⑤ Hinweise auf die Fälle: Wessen-, Wem-, Wenfall
⑥ Das sind weitere verwandte Wörter und Zusammensetzungen zur Wortfamilie Christ.
⑦ Worterklärung (Definition)
⑧ Beispiele zum besseren Verständnis

der **Christ** [krɪst]; des/dem/den Chris|ten; die Chris|ten; der **Christ|baum**; die **Chris|ten|heit**; das **Chris|ten|tum**; die **Chris|ten|ver|fol|gung**; die **Chris|tin**; die Christin nen; das **Christ|kind**; des Christkind[e]s; **christ|lich**; die christliche Seefahrt;

das **Me̥|di|um** (die Kommunikation vermittelnde Person oder Sache); die Me|di|en (insbesondere: Film, Funk, Fernsehen, Presse); die neuen Medien (insbesondere: Computer, Internet, CD-ROM, DVD)

Wichtige Hinweise zu **Nomen**

____
____
____
____
____
____
____
____

❷ So können Verben (Tunwörter) im Wörterbuch stehen:

① Grundform (Infinitiv) des Wortes
② Hinweis auf (unregelmäßige) Zeitformen
Gegenwart (du greifst, sie greift)
1. Vergangenheit (sie griff)
2. Vergangenheit (sie hat gegriffen)
Befehlsform (greife danach)
③ Verwandtes Wort
④ Satzbeispiel zu dem Wort

grei|fen; du greifst; sie greift; sie griff; sie hat danach gegriffen; greife danach!; die Krankheit hat sehr um sich gegriffen; der Sieg war zum Greifen nahe; der **Greif|vo|gel**

⑤ Hinweis auf Silbentrennung
Wort im Satzzusammenhang
⑥ Redewendung zu dem Wort und ihre Bedeutung
⑦ Hinweis auf Getrenntschreibung

hän|gen; das Bild hängt; das Bild hing an der Wand; das Bild hat hier gehangen; mit Hängen und Würgen (*umgangssprachlich für:* mit Müh und Not); an einem Nagel hängen bleiben; er ist daran hängen geblieben; das Bild soll hängen bleiben; ich lasse meinen Freund nicht hängen (*umgangssprachlich für:* ich lasse ihn nicht im Stich); ich habe ihn nicht hängen lassen; der Kunde hat seinen Hut hängen lassen

Wichtige Hinweise zu **Verben**

____
____
____
____
____
____
____
____

❸ So können Adjektive (Eigenschaftswörter) im Wörterbuch stehen:

① Grundform des Adjektivs
② Steigerung des Adjektivs mit Silbentrennung
1. Steigerungsstufe/Höchststufe
③ Redewendung mit Erklärung
Satzbeispiel
verwandte Wörter
Grundform
Verwandtes Verb mit Zeitformen
④ Hinweis auf Zusammen-, Getrenntschreibung
⑤ Satzbeispiel
⑥ verwandte zusammengesetzte Wörter

gla̦tt; glat|ter *oder* glät|ter; am glat|testen *oder* glät|tes|ten; die Bluse glatt bügeln *oder* glattbügeln
gla̦tt|bü|geln *vergleiche:* **gla̦tt**
die **Glä̦t|te**
das **Gla̦tt|eis**
glä̦t|ten; du glättest; sie glättete; sie hat das Papier geglättet; glätte das Papier!
gla̦tt|ge|hen (gut gehen); alles ist glattgegangen
ha̦rt; här|ter; am här|tes|ten; eine harte Währung; es kommt hart auf hart; hart gekochte *oder* hartgekochte Eier; hart gefrorener *oder* hartgefrorener Boden
die **Hä̦r|te**
hä̦r|ten; du härtest; sie härtet; sie härtete; er hat den Stahl gehärtet; härte ihn!
der **Hä̦r|te|test** (Test auf Belastbarkeit); Autoreifen im Härtetest
ha̦rt|ge|fro|ren, ha̦rt|ge|kocht *vergleiche:* **ha̦rt**
das **Ha̦rt|geld** (Münzen)

Wichtige Hinweise zu **Adjektiven**

____
____
____
____
____
____
____

RS Name: ____________________ Datum: ____________________

Im Wörterbuch nachschlagen

In den meisten Wörterbüchern erhältst du nicht nur die richtige Schreibweise eines Wortes, sondern noch weitere Hinweise.

❶ So können Nomen (Namenwörter) im Wörterbuch stehen:

① Begleiter (Artikel) des Nomens

② Das ist die Mehrzahl (Plural) des Wortes

③ So wird das Wort getrennt

So wird das Wort richtig geschrieben

④ So wird das Wort ausgesprochen

⑤ Hinweise auf die Fälle: Wessen-, Wem-, Wenfall

⑥ Das sind weitere verwandte Wörter und Zusammensetzungen zur Wortfamilie Christ.

⑦ Worterklärung (Definition)

⑧ Beispiele zum besseren Verständnis

der **Christ** [krıst]; des/dem/den Chris|ten; die Chris|ten; der **Christ|baum**; die **Chris|ten|heit**; das **Chris|ten|tum**; die **Chris|ten|ver|fol|gung**; die **Chris|tin**; die Christinnen; das **Christ|kind**; des Christkind[e]s; **christ|lich**; die christliche Seefahrt;

das **Me|di|um** (die Kommunikation vermittelnde Person oder Sache); die Me|di|en (insbesondere: Film, Funk, Fernsehen, Presse); die neuen Medien (insbesondere: Computer, Internet, CD-ROM, DVD)

Wichtige Hinweise zu **Nomen**

1. Begleiter (Artikel)
2. Mehrzahl (Plural)
3. Silbentrennung
4. Aussprache
5. Fälle, bes. Genitiv
6. Verwandte Wörter
7. Worterklärung
8. Beispiele

❷ So können Verben (Tunwörter) im Wörterbuch stehen:

① Grundform (Infinitiv) des Wortes

② Hinweis auf (unregelmäßige) Zeitformen
Gegenwart (du greifst, sie greift)
1. Vergangenheit (sie griff)
2. Vergangenheit (sie hat gegriffen)
Befehlsform (greife danach)

③ Verwandtes Wort

④ Satzbeispiel zu dem Wort

grei|fen; du greifst; sie greift; sie griff; sie hat danach gegriffen; greife danach!; die Krankheit hat sehr um sich gegriffen; der Sieg war zum Greifen nahe; der **Greif|vo|gel**

⑤ Hinweis auf Silbentrennung

Wort im Satzzusammenhang

⑥ Redewendung zu dem Wort und ihre Bedeutung

⑦ Hinweis auf Getrenntschreibung

hän|gen; das Bild hängt; das Bild hing an der Wand; das Bild hat hier gehangen; mit Hängen und Würgen (*umgangssprachlich für:* mit Müh und Not); an einem Nagel hängen bleiben; er ist daran hängen geblieben; das Bild soll hängen bleiben; ich lasse meinen Freund nicht hängen (*umgangssprachlich für:* ich lasse ihn nicht im Stich); ich habe ihn nicht hängen lassen; der Kunde hat seinen Hut hängen lassen

Wichtige Hinweise zu **Verben**

1. Grundform des Verbs
2. (Unregelmäßige) Zeitformen
3. Verwandte Wörter
4. Satzbeispiel
5. Silbentrennung
6. Redewendung
7. Getrenntschreibung

❸ So können Adjektive (Eigenschaftswörter) im Wörterbuch stehen:

① Grundform des Adjektivs

② Steigerung des Adjektivs mit Silbentrennung
1. Steigerungsstufe/Höchststufe

③ Redewendung mit Erklärung

Satzbeispiel

verwandte Wörter

glatt; glat|ter *oder* glät|ter; am glat|tes|ten *oder* glät|tes|ten; die Bluse glatt bügeln *oder* glattbügeln
glatt|bü|geln *vergleiche:* **glatt**
die **Glät|te**
das **Glatt|eis**
glät|ten; du glättest; sie glättete; sie hat das Papier geglättet; glätte das Papier!
glatt|ge|hen (gut gehen); alles ist glattgegangen

Grundform

④ Hinweis auf Zusammen-, Getrenntschreibung

⑤ Satzbeispiel

Verwandtes Verb mit Zeitformen

⑥ verwandte zusammengesetzte Wörter

hart; här|ter; am här|tes|ten; eine harte Währung; es kommt hart auf hart; hart gekochte *oder* hartgekochte Eier; hart gefrorener *oder* hartgefrorener Boden
die **Här|te**
här|ten; du härtest; sie härtet; sie härtete; er hat den Stahl gehärtet; härte ihn!
der **Här|te|test** (Test auf Belastbarkeit); Autoreifen im Härtetest
hart|ge|fro|ren, **hart|ge|kocht** *vergleiche:* **hart**
das **Hart|geld** (Münzen)

Wichtige Hinweise zu **Adjektiven**

1. Grundform des Adjektivs
2. Steigerung mit Silbentrennung
3. Redewendungen
4. Getrennt-/Zusammenschr.
5. Satzbeispiele
6. Verwandte Wörter

Arbeit mit dem Wörterbuch

Arbeite mit deinem Wörterbuch und ergänze in der Tabelle die fehlenden Wörter.

Nomen	Verb	Adjektiv
Korrektur	korrigieren	korrekt
Aktualität		
		charakteristisch
	experimentieren	
Information		
		existenziell
	spezialisieren	
Thema		
		diskutabel
	operieren	

Bilde jeweils eine Wortfamilie mit mindestens vier verwandten Wörtern.

Interesse: ______________________________

Ideal: ______________________________

Psyche: ______________________________

Maschine: ______________________________

Konkurrenz: ______________________________

Kontakt: ______________________________

Pluralbildung bei Fremdwörtern

Trage mit Hilfe deines Wörterbuches entsprechend dem gegebenen Beispiel die Fremdwörter in die Tabellen ein. Beachte, dass es bei einigen Wörtern zwei Möglichkeiten gibt.

Album - Aquarium - Atlas - Charakter - Datum - Diktat - Firma - Globus - Jet - Konto - Lexikon - Prospekt - Radio - Risiko - Scheck - Symptom - System - Test - Thema - Twen - Typ

Einzahl mit Artikel	Mehrzahl mit **e**	Einzahl mit Artikel	Mehrzahl mit **en**
das Diktat	Diktate		
	mit **s**		**zwei Möglichkeiten**

Arbeit mit dem Wörterbuch

Arbeite mit deinem Wörterbuch und ergänze in der Tabelle die fehlenden Wörter.

Nomen	Verb	Adjektiv
Korrektur	korrigieren	korrekt
Aktualität	**aktualisieren**	**aktuell**
Charakter	**charakterisieren**	charakteristisch
Experiment	experimentieren	**experimentell**
Information	**informieren**	**informativ**
Existenz	**existieren**	existenziell
Spezialität	spezialisieren	**speziell**
Thema	**thematisieren**	**thematisch**
Diskussion	**diskutieren**	diskutabel
Operation	operieren	**operativ**

Bilde jeweils eine Wortfamilie mit mindestens vier verwandten Wörtern.

Interesse: **interessieren, interessant, interesselos, Interessent, Desinteresse**

Ideal: **ideal, idealisieren, Idealismus, idealistisch, Idealist, Idealfall**

Psyche: **Psychologie, Psychologe, psychisch, Psychiater, Psychotherapeut**

Maschine: **Maschinist, Maschinerie, maschinell, Maschinenbau, Maschinenfabrik**

Konkurrenz: **konkurrieren, Konkurrent, konkurrenzlos, Konkurrenzkampf**

Kontakt: **kontaktieren, kontaktarm, kontaktlos, Kontaktaufnahme, Kontaktperson**

Pluralbildung bei Fremdwörtern

Trage mit Hilfe deines Wörterbuches entsprechend dem gegebenen Beispiel die Fremdwörter in die Tabellen ein. Beachte, dass es bei einigen Wörtern zwei Möglichkeiten gibt.

Album - Aquarium - Atlas - Auto - Charakter - Datum - Diktat - Firma - Globus - Jet - Konto - Lexikon - Prospekt - Radio - Risiko - Scheck - Symptom - System - Test - Thema - Twen - Typ

Einzahl mit Artikel	Mehrzahl mit **e**	Einzahl mit Artikel	Mehrzahl mit **en**
das Diktat	Diktate	**das Album**	**Alben**
der Charakter	**Charaktere**	**das Aquarium**	**Aquarien**
der Prospekt	**Prospekte**	**das Datum**	**Daten**
das Symptom	**Symptome**	**die Firma**	**Firmen**
das System	**Systeme**	**der Typ**	**Typen**
	mit **s**		**zwei Möglichkeiten**
der Jet	**Jets**	**der Atlas**	**Atlasse, Atlanten**
das Radio	**Radios**	**der Globus**	**Globusse, Globen**
der Scheck	**Schecks**	**das Lexikon**	**Lexika, Lexiken**
der Test	**Tests**	**das Risiko**	**Risikos, Risiken**
der Twen	**Twens**	**das Thema**	**Themen, Themata**
das Auto	**Autos**	das Konto	Kontos, Konten

RS Name: ____________________ Datum: ______________

Die Erde ist ein Kugel

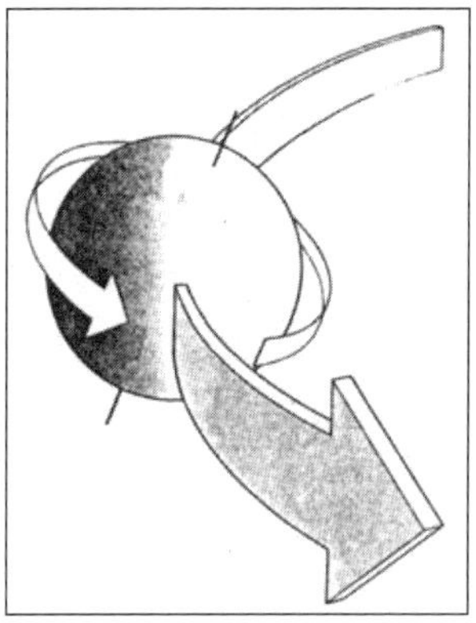

Die Erde ist rund wie eine Kugel. / Man braucht bloß die vielen Fotos zu betrachten, / die Astronauten und Raumsonden außerhalb unserer Erde geschossen haben. / Schon zwei Jahrzehnte vor Beginn unserer Raumfahrt / bemerkten die Seefahrer der Antike, / dass das Land immer mehr in den Horizont versank,/ je weiter sie von der Küste wegfuhren. / Von einem weit entfernten Schiff / sieht man anfangs nur den oberen Teil. / Beim Näherkommen wird das Schiff / immer mehr als Ganzes sichtbar. / Das kann nur mit der Kugelgestalt der Erde erklärt werden. / Unsere Erde umrundet einmal im Jahr die Sonne / und dreht sich dabei täglich einmal um die Erdachse. (107 Wörter)

❶ Nachdenkstrategien

• Wörter mit doppeltem Mitlaut (VdM):

____

• Welche ä-Wörter haben ein verwandtes a-Wort? Schreibe beide.

____

❷ Merkwörter

• Dehnungs-h (Vh): ______________________________

• Doppelter Vokal (VV): ______________ • Wörter mit ß (Vß): ______________

• Wörter mit x/chs: ______________ • Langes i in Fremdwörtern: ______________

❸ Wende die passenden Rechtschreibstrategien an. Kreuze richtig an.

run**d** / Lan**d**

O Ich suche ein verwandtes Wort.
O Ich bilde die Grundform.
O Ich verlängere das Wort.
O Ich verdopple nach kurzem Vokal.

sie**ht** / dre**ht**

O Ich beachte das Signalwort.
O Ich achte auf die Endung.
O Ich überprüfe die Wortart.
O Ich bilde die Grundform.

Finde jeweils zwei Lösungen.

Vorau**s**-**setz**ung

O Ich schreibe nach kurzem Vokal tz.
O Ich beachte die Nahtstelle.
O Ich bilde die Grundform.
O Ich suche ein verwandtes Wort.

beim **Näh**er-kommen

O Ich beachte das Signalwort.
O Ich zerlege in die Wortbausteine.
O Ich suche ein verwandtes Wort.
O Ich achte auf die Endung.

❹ Falsche Wörter

Im folgenden Text sind sechs Wörter falsch geschrieben. Streiche diese im Text durch und schreibe sie fehlerfrei darunter.

Die Erde ist der einzige Himmelskörper, von dem wir wirklich wißen, das auf ihm Leben besteht. Die Atmospäre enthält Sauerstoff und die Ozeane Wasser - Beides sind wichtige Vorraussetzungen für die Entstehung von Leben. Fast dreiviertel der Erdoberfläche sind mit Wasser bedeckt, die Landmassen beanspruchen nur etwas mehr als ein Viertel.

____

❺ Nur ein Satz ist richtig. Kreuze ihn an.

O Erdachse heißt die gedachte Verbindunglinie zwischen dem Nordpol und dem Südpol.
O Erdachse heisst die gedachte Verbindungslinie zwischen dem Nordpol und dem Südpol.
O Erdachse heißt die gedachte Verbindungslienie zwischen dem Nordpol und dem Südpol.
O Erdachse heißt die gedachte Verbindungslinie zwischen dem Nordpol und dem Südpol.

RS Name: ______________________ Datum: ______________

Die Erde ist ein Kugel

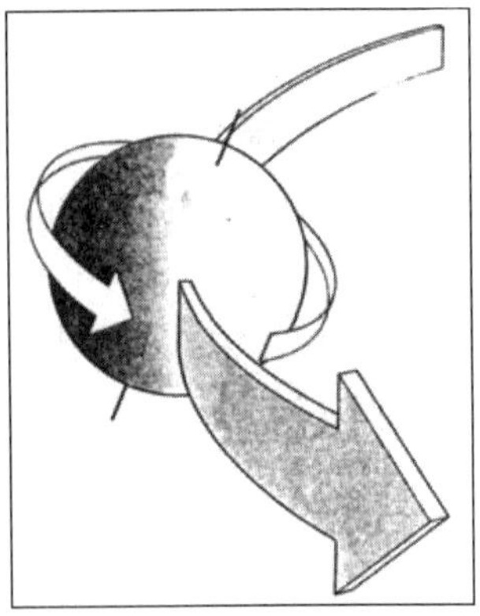

Die Erde ist rund wie eine Kugel. / Man braucht bl**o**ß die vielen Fotos zu betrachten, / die Astronauten und Raumsonden au**ß**erhalb unserer Erde gescho**s**-**s**en haben. / Schon zwei J**ah**rzehnte vor Begi**nn** unserer Raumf**ah**rt / bemerkten die S**ee**fahrer der Ant**i**ke, / dass das Land immer mehr in den Horizont versank,/ je weiter sie von der Küste wegf**uh**ren. / Von einem weit entfernten Schi**ff** / sieht man anfangs nur den oberen Teil. / Beim N**ä**herko**mm**en wird das Schiff / immer mehr als Ganzes sichtbar. / Das kann nur mit der Kugelgestalt der Erde erkl**ä**rt werden. / Unsere Erde umrundet einmal im Jahr die So**nn**e / und dreht sich dabei t**ä**glich einmal um die Erda**chs**e. (107 Wörter)

❶ Nachdenkstrategien

• Wörter mit doppeltem Mitlaut (VdM):

geschossen, Beginn, Schiff, kommen, Sonne

• Welche ä-Wörter haben ein verwandtes a-Wort? Schreibe beide.

näher - nahe, erklärt - klar, täglich - Tag

❷ Merkwörter

• Dehnungs-h (Vh): **Jahr(tausend), Raumfahrt, Fahrer, wegfuhren**

• Doppelter Vokal (VV): **See(fahrer)** • Wörter mit ß (Vß): **bloß, außerhalb**

• Wörter mit x/chs: **Erdachse** • Langes i in Fremdwörtern: **Antike**

❸ Wende die passenden Rechtschreibstrategien an. Kreuze richtig an.

rund, Land:
- O Ich suche ein verwandtes Wort.
- O Ich bilde die Grundform.
- ⊗ Ich verlängere das Wort.
- O Ich verdopple nach kurzem Vokal.

sieht, dreht:
- O Ich beachte das Signalwort.
- O Ich achte auf die Endung.
- O Ich überprüfe die Wortart.
- ⊗ Ich bilde die Grundform.

Finde jeweils zwei Lösungen.

Voraus**s**e**tz**ung:
- ⊗ Ich schreibe nach kurzem Vokal tz.
- ⊗ Ich beachte die Nahtstelle.
- O Ich bilde die Grundform.
- O Ich suche ein verwandtes Wort.

beim **Näh**erkommen:
- ⊗ Ich beachte das Signalwort.
- O Ich zerlege in die Wortbausteine.
- ⊗ Ich suche ein verwandtes Wort.
- O Ich achte auf die Endung.

❹ Falsche Wörter

Im folgenden Text sind sechs Wörter falsch geschrieben. Streiche diese im Text durch und schreibe sie fehlerfrei darunter.

Die Erde ist der einzige Himmelskörper, von dem wir wirklich wißen, das auf ihm Leben besteht. Die Atmospäre enthält Sauerstoff und die Ozeane Wasser - Beides sind wichtige Vorraussetzungen für die Entstehung von Leben. Fast dreiviertel der Erdoberfläche sind mit Wasser bedeckt, die Landmassen beanspruchen nur etwas mehr als ein Viertel.

wissen, dass, Atmosphäre, beides, Voraussetzungen, drei Viertel

❺ Nur ein Satz ist richtig. Kreuze ihn an.

O Erdachse heißt die gedachte Verbindunglinie zwischen dem Nordpol und dem Südpol.

O Erdachse heisst die gedachte Verbindungslinie zwischen dem Nordpol und dem Südpol.

O Erdachse heißt die gedachte Verbindungslienie zwischen dem Nordpol und dem Südpol.

⊗ Erdachse heißt die gedachte Verbindungslinie zwischen dem Nordpol und dem Südpol.

RS Name: ____________________ Datum: ____________

Die Märtyrer-Lüge

Ein Begriff wird missbraucht. / Islamistische Attentäter nehmen für sich in Anspruch, / dass sie für ihren Glauben sterben. / Doch jedes Mal reißen sie Unschuldige mit in den Tod. / Die wahren Märtyrer waren ganz anders: / friedliebende Menschen, die für ihre Überzeugung ihr Leben gaben. /
Am 11. September 2001 rasten zwei der entführten Passagierjets / in die Türme des New Yorker World Trade Center. / 3000 Menschen starben. / Das schlimmste Attentat der Geschichte hinterließ eine Wunde, / die sich bis heute nicht schließen kann. (75 Wörter)

Übungsschwerpunkte

- Wörter mit doppeltem Mitlaut (VdM)

____

- Wörter mit ie (i ➪ ie)

____

- Vh: ____________________
- Vß: ____________________

❶ Finde die Fremdwörter im Text.

____

❷ Welche Rechtschreibstrategien treffen zu? Kreuze richtig an.

To**d**
- O Ich überprüfe die Wortart.
- O Ich dehne das Wort.
- O Ich verlängere das Wort.
- O Ich bilde die Grundform.

fr**ied**l**ie**bend
- O Ich überprüfe die Wortart.
- O Ich beachte die Nachsilbe.
- O Ich trenne das Wort, um zu verlängern.
- O Ich schreibe das langgesprochene i mit ie.
- O Ich bilde die Grundform.

❸ Gleichklingende Wörter

In einem Satz werden zwei Wörter gleich ausgesprochen, aber unterschiedlich geschrieben. Wie heißen die beiden Wörter?

____

❹ Reimwörter

Finde jeweils vier Reimwörter.

lassen	reißen	schließen	Begriff

❺ Wechsle im Wort nur einen Buchstaben und finde drei neue Wörter.

- reißen ➪ ____________________
- führen ➪ ____________________

❻ Fehlerwörter

Im folgenden Text sind sechs Fehlerwörter. Streiche sie durch und schreibe sie nochmals richtig auf.

In Wahrheit sind Attentäter nichts anderes als verführte Massen Mörder. Die wahren Märtyrrer waren Menschen, die niemals Kriegerisch aktiv waren, sondern in der nachfolge Christi ihren Glauben und ihre Seele mit dem Leben „bezeugten" - ohne Gewallt, ohne Haß.

____

RS	Name: ______________________________	Datum: ____________________

Die Märtyrer-Lüge

Ein Begri**ff** wird mi**ss**braucht. / Islamistische A**tt**entäter n**eh**men für sich in Anspruch, / dass sie für ihren Glauben sterben. / Doch jedes Mal rei**ß**en sie Unschuldige mit in den Tod. / Die w**ah**ren Märtyrer waren ganz anders: / fr**ied**l**ie**bende Menschen, die für ihre Überzeugung ihr Leben gaben. /
Am 11. September 2001 rasten zwei der entf**üh**rten Pa**ss**ag**ie**rjets / in die Türme des New Yorker World Trade Center. / 3000 Menschen starben. / Das schli**mm**ste Attentat der Geschichte hinterl**ieß** eine Wunde, / die sich bis heute nicht schl**ieß**en kann. (75 Wörter)

Übungsschwerpunkte

- Wörter mit doppeltem Mitlaut (VdM)
  Begriff, missbraucht, Attentäter, Passagier, schlimmste
- Wörter mit ie (i ➪ ie)
  friedliebend, Passagier, hinterließ, schließen
- Vh: **nehmen, wahren, entführen**
- Vß: **reißen, hinterließ (hinterlassen), schließen**

❶ Finde die Fremdwörter im Text.

Märtyrer, islamistisch, Attentäter, Passagierjet, World Trade Center

❷ Welche Rechtschreibstrategien treffen zu? Kreuze richtig an.

Tod
- O Ich überprüfe die Wortart.
- O Ich dehne das Wort.
- ⊗ Ich verlängere das Wort.
- O Ich bilde die Grundform.

fr**ied**l**ie**bend
- O Ich überprüfe die Wortart.
- O Ich beachte die Nachsilbe.
- ⊗ Ich trenne das Wort, um zu verlängern.
- ⊗ Ich schreibe das langgesprochene i mit ie.
- O Ich bilde die Grundform.

❸ Gleichklingende Wörter

In einem Satz werden zwei Wörter gleich ausgesprochen, aber unterschiedlich geschrieben. Wie heißen die beiden Wörter?

wahren, waren

❹ Reimwörter

Finde jeweils vier Reimwörter.

lassen	reißen	schließen	Begriff
fassen	**beißen**	**gießen**	**Schiff**
hassen	**heißen**	**genießen**	**Pfiff**
Massen	**schmeißen**	**fließen**	**Kniff**
passen	**schweißen**	**sprießen**	**Riff**

❺ Wechsle im Wort nur einen Buchstaben und finde drei neue Wörter.

- reißen ➪ **reisen, reiten, reiben, reifen, reimen**
- führen ➪ **fahren, fühlen, fuhren**

❻ Fehlerwörter

Im folgenden Text sind sechs Fehlerwörter. Streiche sie durch und schreibe sie nochmals richtig auf.

In Wahrheit sind Attentäter nichts anderes als verführte ~~Massen Mörder~~. Die wahren ~~Märtyrrer~~ waren Menschen, die niemals ~~Kriegerisch~~ aktiv waren, sondern in der ~~nachfolge~~ Christi ihren Glauben und ihre Seele mit dem Leben „bezeugten" - ohne ~~Gewallt~~, ohne ~~Haß~~.

Massenmörder, Märtyrer, kriegerisch, Nachfolge, Gewalt, Hass

RS	Name: ______________________	Datum: ______________

Ausländer erwünscht

Fluggesellschaften sind internationale Unternehmen. / Bei ihnen arbeiten in Deutschland / Menschen aus verschiedenen europäischen Staaten zusammen. / Es ist sehr wichtig, / ausländische Arbeitskollegen in den Betriebsablauf einzubinden, / da ja immer auch Flugzeuge anderer Fluglinien abgefertigt werden müssen. / Ohne die Erfahrung ausländischer Mitarbeiter / wäre eine reibungslose Abwicklung / des Flugverkehrs kaum denkbar. / Gemeinsam werden die anstehenden Probleme angepackt und gelöst. / Menschen aus den verschiedensten Nationen / sind hier integriert und akzeptiert. / Man hat das Gefühl, / zu einer großen internationalen Familie zu gehören. (80 Wörter)

Übungsschwerpunkte

- Wörter mit ck (Ṿck)

____

- Wörter mit b, d und g am Wortende

____

____

- Wörter mit Dehnungs-h (V̲h)

____

____

- Wort mit doppeltem Vokal (V̲V):

____

- Wörter mit i (i̲ ≠ ie) und ie (je gesprochen)

____

❶ Suche die Fremdwörter im Text heraus.

____

❷ Welche Rechtschreibstrategien treffen bei den beiden Wörtern zu? Kreuze richtig an.

Flu**g**-ver**keh**r
- O Ich trenne das Wort, um zu verlängern.
- O kehren ist ein Merkwort mit h.
- O Ich achte auf die Endung.
- O Ich beachte den Fugenbaustein.
- O Vorsilbe ver- immer mit v.
- O Ich suche ein verwandtes Wort.

Flu**gg**ese**ll**-schaft
- O Ich beachte die Nachsilbe.
- O Ich bilde die Grundform.
- O Ich trenne das Wort, um zu verlängern.
- O Ich beachte die Nahtstelle.
- O Ich beachte das Signalwort.
- O Ich verdopple nach kurzem Vokal den Mitlaut.

❸ Nachsilben

An welchen Nachsilben erkennst du ein Nomen? Markiere jeweils die Nachsilbe und schreibe den Artikel dazu.

____

Welche Nachsilben verweisen auf ein Adjektiv? Markiere die Nachsilbe.

____

❹ Welche Wörter aus dem Text gehören jeweils zur gleichen Wortfamilie? Finde noch sechs dazu.

- fliegen: ____________________

____

- Land: ____________________

____

❺ Welche drei Wörter haben Fugenbausteine und werden deshalb zusammengeschrieben?

____

❻ In welcher Zeile sind alle Wörter richtig geschrieben? Kreuze an.

O Fluggesellschaften fordern von ihren Mitarbeitern Engagement, Mobilität und Flexibilität.

O Fluggesellschaften fordern von ihren Mitarbeitern Engaschment, Mobilität und Flecksibilität.

O Fluggesellschaften fordern von ihren Mitarbeitern Engaschment, Mobielität und Flexibilität.

RS	Name:	Datum:

Ausländer erwünscht

Fluggesellschaften sind internationale Unterne**h**men. / Bei ihnen arbeiten in Deutschlan**d** / Menschen aus verschiedenen europäischen St**aa**ten zusammen. / Es ist sehr wichti**g**, / ausländische Arbeitskollegen in den Betrie**b**sablauf einzubinden, / da ja immer auch Flu**g**zeuge anderer Flugl**i**n**ie**n abgefertigt werden müssen. / Ohne die Erf**ah**rung ausländischer Mitarbeiter / wäre eine reibungslose Abwi**ck**lung / des Flugverk**eh**rs kaum denkbar. / Gemeinsam werden die anstehenden Probleme angepa**ck**t und gelöst. / Menschen aus den verschiedensten Nationen / sind hier integriert und akzeptiert. / Man hat das Gef**üh**l, / zu einer großen internationalen Fam**i**l**ie** zu gehören. (80 Wörter)

Übungsschwerpunkte

- Wörter mit ck (Vck)
  Abwicklung, anpacken
- Wörter mit b, d und g am Wortende
  Deutschland, wichtig, Flugzeug, Betrieb
- Wörter mit Dehnungs-h (Vh)
  Unternehmen, Erfahrung, Verkehr, Gefühl
- Wort mit doppeltem Vokal (VV):
  Staat
- Wörter mit i (i ≠ ie) und ie (je gesprochen)
  Linie, Familie

❶ Suche die Fremdwörter im Text heraus.

international, Nationen, Problem, integriert, akzeptiert

❷ Welche Rechtschreibstrategien treffen bei den beiden Wörtern zu? Kreuze richtig an.

Flug-verke**hr**

⊗ Ich trenne das Wort, um zu verlängern.
⊗ kehren ist ein Merkwort mit h.
O Ich achte auf die Endung.
O Ich beachte den Fugenbaustein.
⊗ Vorsilbe ver- immer mit v.
O Ich suche ein verwandtes Wort.

Flu**gg**esell-schaft

⊗ Ich beachte die Nachsilbe.
O Ich bilde die Grundform.
⊗ Ich trenne das Wort, um zu verlängern.
⊗ Ich beachte die Nahtstelle.
O Ich beachte das Signalwort.
⊗ Ich verdopple nach kurzem Vokal den Mitlaut.

❸ Nachsilben

An welchen Nachsilben erkennst du ein Nomen? Markiere jeweils die Nachsilbe und schreibe den Artikel dazu.

die Fluggesellschaft, die Erfahrung, die Abwicklung, die Nation, die Linie, die Familie

Welche Nachsilben verweisen auf ein Adjektiv? Markiere die Nachsilbe.

europäisch, ausländisch, wichtig, reibungslos, denkbar, gemeinsam

❹ Welche Wörter aus dem Text gehören jeweils zur gleichen Wortfamilie? Finde noch sechs dazu.

- fliegen: **Fluggesellschaft, Flugzeug, Fluglinie, Flugverkehr, Fliege, Flieger, abfliegen, herumfliegen, Hinflug, Rückflug, Abflug**
- Land: **Ausländer, Deutschland, ausländisch, landen, Landkarte, Inland, Ausland, Landwirt, ländlich, Landkreis, Exportland**

❺ Welche drei Wörter haben Fugenbausteine und werden deshalb zusammengeschrieben?

Arbeitskollegen, Betriebsablauf, reibungslos

❻ In welcher Zeile sind alle Wörter richtig geschrieben? Kreuze an.

⊗ Fluggesellschaften fordern von ihren Mitarbeitern Engagement, Mobilität und Flexibilität.
O Fluggesellschaften fordern von ihren Mitarbeitern Engaschment, Mobilität und Flecksibilität.
O Fluggesellschaften fordern von ihren Mitarbeitern Engaschment, Mobielität und Flexibilität.

RS Name: ______________________ Datum: ______________

Waren „Made in China“

Es sind längst nicht mehr nur Textilien, / die China liefert. / In fast allen Bereichen überschwemmt der Riese aus Asien / unseren Markt mit seinen Produkten wie T-Shirts, Fernsehern, / Sportgeräten, Handtaschen oder optischen Erzeugnissen. /
Vor allem in den letzten zehn Jahren / investierten ausländische und auch deutsche Unternehmen / verstärkt im Reich der Mitte. / „Aus zwei Gründen“, sagt ein China-Experte. / „Erstens ist es ein riesiger, dynamischer Markt, / der dort entsteht, und zweitens / ein billiger Produktionsstandort, / von dem aus in die ganze Welt exportiert werden kann.“
(86 Wörter)

Übungsschwerpunkte

- Wörter mit doppeltem Mitlaut (VdM)
- Wörter mit ie (i ➪ ie)
- Wörter mit Dehnungs-h (Vh)
- ä-Wörter mit verwandtem a-Wort
- Wörter mit x:

❶ Suche sechs Fremdwörter aus dem Text oben heraus.

❷ Welche Rechtschreibstrategien treffen bei den Wörtern zu? Kreuze richtig an.

Hand-tasche	O Ich suche ein verwandtes Wort. O Ich trenne das Wort, um zu verlängern.	über-schwe**mm**t	O Ich beachte die Endung. O Ich steigere das Wort.
Stand-ort	O Ich beachte das Grundwort. O Ich achte auf den Vokal.	entst**eh**t	O Ich beachte die Vorsilbe. O Ich bilde die Grundform.

❸ Nachsilben

Wörter mit den Nachsilben -ig und -isch sind Adjektive. Finde sie im Text und schreibe sie auf.

❹ Welche Fremdwörter sind an den Anfangsbausteinen erkennbar? Finde jeweils noch sechs weitere.

- Ex/ex-:
- Pro-/pro-:

❺ Streiche im folgenden Text die acht Fehlerwörter durch und schreibe sie richtig darunter.

Der durchschnittliche Stundenlohn in China beträgt etwa 50 Cent. Zwar giebt es in Asien Länder, die noch billiger produzieren, aber die Quwalität der Chinesen hat das Niweau der Industrienationen erreicht.
Sogar die deutschen Autofirmen bleiben vom China-Boum nicht verschohnt. In den nächsten Jahren werden auch Chinesische Autobauer mit billigprodukten auf den deutschen Markt expandieren.

❻ Bei den Wortgruppen ist immer nur eine ganz richtig. Kreuze sie an.

O Bundesagentur für Aussenwirtschaft
O Bundesargentur für Außenwirtschaft
O Bundesagentur für Außenwirtschaft

O der Standart der Industrienationen
O der Standard der Industrienationen
O der Stantard der Industrienationen

RS Name: ______________________ Datum: ______________

Waren „Made in China“

Es sind l**ä**ngst nicht mehr nur Te**x**tilien, / die China **lie**fert. / In fast allen Bereichen überschwe**mm**t der R**ie**se aus Asien / unseren Markt mit seinen Produkten wie T-Shirts, Fernsehern, / Sportgeräten, Handtaschen oder optischen Erzeugni**ss**en. / Vor allem in den letzten ze**h**n Ja**h**ren / invest**ie**rten ausl**ä**ndische und auch deutsche Unterne**h**men / verst**ä**rkt im Reich der Mi**tt**e. / „Aus zwei Gründen“, sagt ein China-E**x**perte. / „Erstens ist es ein r**ie**siger, dynamischer Markt, / der dort entsteht, und zweitens / ein bi**ll**iger Produktionsstandort, / von dem aus in die ganze Welt e**x**port**ie**rt werden kann.“
(86 Wörter)

Übungsschwerpunkte

- Wörter mit doppeltem Mitlaut (VdM)
  überschwemmt, Erzeugnisse, Mitte, billig
- Wörter mit ie (i ➪ ie)
  liefern, Riese, investieren, riesig, exportieren
- Wörter mit Dehnungs-h (Vh)
  zehn, Jahr, Unternehmen
- ä-Wörter mit verwandtem a-Wort
  längst - lang, ausländisch - Land, verstärkt - stark
- Wörter mit x:
  Textilien, Experte, exportiert

❶ Suche sechs Fremdwörter aus dem Text oben heraus.

Made, Textilien, Produkte, optisch, investieren, dynamisch, exportieren, T-Shirt, Experte

❷ Welche Rechtschreibstrategien treffen bei den Wörtern zu? Kreuze richtig an.

Hand-tasche	O Ich suche ein verwandtes Wort. ⊗ Ich trenne das Wort, um zu verlängern.	über-schwe**mm**t	O Ich beachte die Endung. O Ich steigere das Wort.
Stand-ort	⊗ Ich beachte das Grundwort. O Ich achte auf den Vokal.	entste**h**t	O Ich beachte die Vorsilbe. ⊗ Ich bilde die Grundform.

❸ Nachsilben

Wörter mit den Nachsilben -ig und -isch sind Adjektive. Finde sie im Text und schreibe sie auf.

optisch, chinesisch, ausländisch, dynamisch, riesig, billig

❹ Welche Fremdwörter sind an den Anfangsbausteinen erkennbar? Finde jeweils noch sechs weitere.

- Ex/ex-: **Experte, exportieren, Explosion, Expedition, Experiment, Examen, Exempel, Exhumierung, extern, extrem, exotisch, extra**
- Pro-/pro-: **Produkt, Produktion, Propaganda, prominent, Protokoll, produktiv, Professor, Provision, Prozess, Prozession, Pronomen, provokant, provozieren**

❺ Streiche im folgenden Text die acht Fehlerwörter durch und schreibe sie richtig darunter.

Der durchschnittliche Stundenlohn in China beträgt etwa 50 Cent. Zwar ~~giebt~~ es in Asien Länder, die noch billiger produzieren, aber die ~~Quwalität~~ der Chinesen hat das ~~Niweau~~ der Industrienationen erreicht.
Sogar die deutschen Autofirmen bleiben vom ~~China-Boum~~ nicht ~~verschohnt~~. In den nächsten Jahren werden auch ~~Chinesische~~ Autobauer mit ~~billigprodukten~~ auf ~~den~~ deutschen Markt expandieren.

gibt, Qualität, Niveau, China-Boom, verschont, chinesische, Billigprodukten, dem

❻ Bei den Wortgruppen ist immer nur eine ganz richtig. Kreuze sie an.

O Bundesagentur für Aussenwirtschaft	O der Standart der Industrienationen
O Bundesargentur für Außenwirtschaft	⊗ der Standard der Industrienationen
⊗ Bundesagentur für Außenwirtschaft	O der Stantard der Industrienationen

RS | Name: ____________________ | Datum: ____________________

Fahrzeug oder Stehzeug?

Der Autoverkehr nimmt in den Städten / und auf dem Land ständig zu. / Immer mehr verstopfte Innenstädte / bestätigen diese Entwicklung. / Besonders zur Urlaubszeit beginnt leider wieder / die Zeit der zermürbenden Staus auf den Straßen und Autobahnen. / Während der Ferienzeiten wird das Fahrzeug meist zum Stehzeug - / und dies grundsätzlich nicht nur zur Sommerzeit. / Durchschnittlich 65 Stunden im Jahr verbringt der Autofahrer / missmutig im Stau und vor roten Ampeln. / Es wird allerhöchste Zeit, / dieses Probleme anzupacken. / Gerade die Jugendlichen / als die zukünftigen motorisierten Verkehrsteilnehmer / sollten mit Alternativen zum Auto / vertraut gemacht werden.
(91 Wörter)

Übungsschwerpunkte

- Wörter mit doppeltem Mitlaut (VdM)
- Wörter mit ck (Vck)
- Wörter mit Dehnungs-h (Vh)
- ä-Wörter mit verwandtem a-Wort
- Wort mit chs: ____________________

❶ Welche Rechtschreibstrategien treffen bei den Wörtern zu? Kreuze richtig an.

beginnt, gibt, zeigt
O Ich achte auf die Endung.
O Ich verdopple nach kurzem Vokal.
O Ich bilde die Grundform.
O Ich überprüfe die Wortart.

das Radfahren, ein Umdenken
O Ich trenne das Wort.
O Ich suche ein verwandtes Wort.
O Ich verlängere das Wort.
O Ich beachte das Signalwort.

❷ Welche Vorsilbe ist am häufigsten? Schreibe die Wörter in ihrer Grundform auf.

❸ Finde fünf weitere Vorsilben und schreibe jeweils ein Beispiel aus dem Text dazu.

❹ Schreibe die drei zusammengesetzten Wörter auf, bei denen man die Nahtstelle beachten muss. Markiere die schwierige Stelle. Trenne die Wörter in ihre Wortbausteine auf, um sie verlängern zu können.

❺ Streiche im folgenden Text die acht Fehlerwörter durch und schreibe sie richtig darunter.

Ein ziehlstrebiger Ausbau des Öffentlichen Nahverkehrs zu lasten des Autos zeigt in manchen Städten bereitz Wirkung. Bus und Straßenbahn haben dort prinziepiell Vorfahrt. Vereinzelt gibt es in den Innenstädten sogar schon Fahrverbote zugunsten des Radfahrens. Damit und sie Blechlawiene nicht völlig überrollt, wird von jedem einzelnen ein umdenken gefordert.

❻ Nur ein Satz ist ganz richtig geschrieben. Kreuze ihn an.

O Unregelmäßige Ampelschaltungen und künstliche Hindernise erschweren zügiges fahren.
O Unregelmässige Ampelschaltungen und künstliche Hindernisse erschweren zügiges Fahren.
O Unregelmäßige Ampelschaltungen und künstliche Hindernisse erschweren zügiges Fahren.
O Unregelmäßige Ampelschaltungen und künstliche Hindernise erschweren zügiges fahren.

RS	Name:	Datum:	

Fahrzeug oder Stehzeug?

Der Autoverk**eh**r ni**mm**t in den St**ä**dten / und auf dem Land st**ä**ndig zu. / Immer mehr verstopfte **Inn**enstädte / bestätigen diese Entwi**ck**lung. / Besonders zur Urlaubszeit begi**nn**t leider wieder / die Zeit der zermürbenden Staus auf den Straßen und Autob**ah**nen. / W**äh**rend der Ferienzeiten wird das Fahrzeug meist zum Stehzeug - / und dies grunds**ä**tzlich nicht nur zur So**mm**erzeit. / Durchschni**tt**lich 65 Stunden im J**ah**r verbringt der Autof**ah**rer / mi**ss**mutig im Stau und vor roten Ampeln. / Es wird a**ll**erhö**chs**te Zeit, / dieses Probleme anzupa**ck**en. / Gerade die Jugendlichen / als die zukünftigen motorisierten Verk**eh**rsteiln**eh**mer / sollten mit Alternativen zum Auto / vertraut gemacht werden.
(91 Wörter)

Übungsschwerpunkte

- Wörter mit doppeltem Mitlaut (VdM)
nimmt, Innenstädte, beginnt, Sommer, durchschnittlich, missmutig, allerhöchste
- Wörter mit ck (Vck)
Entwicklung, anpacken
- Wörter mit Dehnungs-h (Vh)
Fahrzeug, Verkehr, Autobahn, während, Jahr, Fahrer, Teilnehmer
- ä-Wörter mit verwandtem a-Wort
Städte - Stadt, ständig - Stand, grundsätzlich - Grundsatz
- Wort mit chs: **allerhöchste**

❶ Welche Rechtschreibstrategien treffen bei den Wörtern zu? Kreuze richtig an.

begi**nn**t
gi**b**t
zei**g**t

O Ich achte auf die Endung.
O Ich verdopple nach kurzem Vokal.
⊗ Ich bilde die Grundform.
O Ich überprüfe die Wortart.

das **R**adfahren
ein **U**mdenken

O Ich trenne das Wort.
O Ich suche ein verwandtes Wort.
O Ich verlängere das Wort.
⊗ Ich beachte das Signalwort.

❷ Welche Vorsilbe ist am häufigsten? Schreibe die Wörter in ihrer Grundform auf.

Ver-/ver-: Verkehr, verstopft (verstopfen), verbringen, vertraut (vertrauen)

❸ Finde fünf weitere Vorsilben und schreibe jeweils ein Beispiel aus dem Text dazu.

be- (bestätigen), Ent- (Entwicklung), miss- (missmutig), Ur- (Urlaub), zer- (zermürbend)

❹ Schreibe die drei zusammengesetzten Wörter auf, bei denen man die Nahtstelle beachten muss. Markiere die schwierige Stelle. Trenne die Wörter in ihre Wortbausteine auf, um sie verlängern zu können.

Stehzeug, Urlaubszeit, grundsätzlich; stehen, Urlaube, Gründe

❺ Streiche im folgenden Text die acht Fehlerwörter durch und schreibe sie richtig darunter.

Ein ~~ziehlstrebiger~~ Ausbau des ~~Öffentlichen~~ Nahverkehrs zu ~~lasten~~ des Autos zeigt in manchen Städten ~~bereitz~~ Wirkung. Bus und Straßenbahn haben dort ~~prinziepiell~~ Vorfahrt. Vereinzelt gibt es in den Innenstädten sogar schon Fahrverbote zugunsten des Radfahrens. Damit und sie ~~Blechlawiene~~ nicht völlig überrollt, wird von jedem ~~einzelnen~~ ein ~~umdenken~~ gefordert.

zielstrebiger, öffentlichen, Lasten, bereits, prinzipiell, Blechlawine, Einzelnen, Umdenken

❻ Nur ein Satz ist ganz richtig geschrieben. Kreuze ihn an.

O Unregelmässige Ampelschaltungen und künstliche Hindernisse erschweren zügiges fahren.
O Unregelmässige Ampelschaltungen und künstliche Hindernise erschweren zügiges Fahren.
⊗ Unregelmäßige Ampelschaltungen und künstliche Hindernisse erschweren zügiges Fahren.
O Unregelmäßige Ampelschaltungen und künstliche Hindernise erschweren zügiges fahren.

RS | Name: ______________________ | Datum: ______________

Prüfungen gehören zum Leben

Bei Klassenarbeiten in der Schule / oder bei Prüfungen während der Ausbildung / fällt es vielen Jugendlichen schwer, / einen klaren Kopf zu bewahren / und sich zu konzentrieren. / Wenn das Denken scheinbar völlig aussetzt, / gibt es keine Wundermittel, / um diese Blockade zu überwinden. / Tabletten helfen in solchen Situationen schon gar nicht. / Jeder hat seine individuelle Methode, / wie er mit der Prüfungsangst umgeht. / Eine Prüfung sollte als normaler Teil des Lebens akzeptiert werden / und nicht als ein Augenblick, / von dem alles Weitere abhängt. / Wer den Stoff gut beherrscht, / sollte eigentlich jeder Prüfung gelassen entgegensehen können. / (95 Wörter)

Übungsschwerpunkte

- Wörter mit doppeltem Mitlaut (VdM)

____

____

____

- Wörter mit ie (i ⇨ ie)

____

- Grundform bilden bei gebeugten Verben

____

____

- Großschreibung (Nominalisierung)

____

____

❶ Suche die Fremdwörter im Text heraus.

____

Welche Endungen kannst du bei diesen Fremdwörtern feststellen?

____

❷ Welche Rechtschreibstrategien treffen bei den Wörtern zu? Kreuze richtig an.

Augen-blick
- O Ich zerlege das Wort.
- O Ich bilde die Grundform.
- O Ich verlängere das Wort.
- O Dopplung nach kurzem Vokal.

fällt, verstärken, häufig
- O Ich beachte die Endung.
- O Ich suche ein verwandtes Wort.
- O Ich beachte das Signalwort.
- O Ich verlängere das Wort.

❸ Streiche im folgenden Text die sechs Fehlerwörter durch und schreibe sie richtig darunter.

Wilde Fanthasien darrüber, was in der Prüfung schlimmes passieren könnte, verstärken nur die Unsicherheit. Oft hilft es schon ein bißchen, wenn einem klar wird, das es den anderen ähnlich ergeht. Eine gesunde Aufregung ist tatsächlich wichtig und setzt heufig Energien frei, die den Gedanken auf die richtigen Sprünge helfen.

____

❹ Die folgenden Wörter haben jeweils zwei Gemeinsamkeiten. Schreibe oben in das erste Kästchen die gemeinsame Endung. Was ist im zweiten Kästchen einzutragen? Finde weitere Wörter.

[ ] ⇨ [ ]		[ ] ⇨ [ ]		[ ] ⇨ [ ]	
Energ____	________	pass______	________	individu_____	________
Harmon____	________	akzept______	________	finanzi_____	________
Fantas____	________	dress______	________	materi_____	________
Bürokrat____	________	diskut______	________	offizi_____	________
________		________		________	
________		________		________	

Vervollständige die Wörter und trage sie oben entsprechend in die Tabelle ein.

kultur____, defin______, Strateg____, dikt______, aktu____, Melod____, gratul______, manu____, Industr____, eventu____, oper______, Batter____

RS	Name:	Datum:

Prüfungen gehören zum Leben

Bei Kla**ss**enarbeiten in der Schule / oder bei Prüfungen während der Ausbildung / fä**ll**t es vielen **J**ugendlichen schwer, / einen klaren Kopf zu bewahren / und sich zu konzentr**ie**ren. / Wenn das **D**enken scheinbar vö**ll**ig aussetzt, / gi**b**t es keine Wundermi**tt**el, / um diese Blockade zu überwinden. / Table**tt**en helfen in solchen Situationen schon gar nicht. / Jeder hat seine individue**ll**e Methode, / wie er mit der Prüfungsangst umge**h**t. / Eine Prüfung sollte als normaler Teil des Lebens akzeptiert werden / und nicht als ein Augenblick, / von dem alles **W**eitere abhängt. / Wer den Sto**ff** gut behe**rr**scht, / sollte eigentlich jeder Prüfung gela**ss**en entgegensehen können. / (95 Wörter)

Übungsschwerpunkte

- Wörter mit doppeltem Mitlaut (VdM)
  Klasse, fällt - fallen, völlig, Mittel, Tabletten, individuell, Stoff, beherrscht, gelassen
- Wörter mit ie (i ➪ ie)
  konzentrieren, akzeptiert
- Grundform bilden bei gebeugten Verben
  fällt - fallen, gibt - geben, umgeht - umgehen
- Großschreibung (Nominalisierung)
  zum (zu dem) Leben, vielen Jugendlichen, das Denken, alles Weitere

❶ Suche die Fremdwörter im Text heraus.

konzentrieren, Blockade, Tabletten, Situation, individuelle Methode, akzeptiert

Welche Endungen kannst du bei diesen Fremdwörtern feststellen?

-ieren, -ade, -ette, -tion, -ell, -ode. -iert

❷ Welche Rechtschreibstrategien treffen bei den Wörtern zu? Kreuze richtig an.

Augen-bli**ck**	O Ich zerlege das Wort. O Ich bilde die Grundform. O Ich verlängere das Wort. ⊗ Dopplung nach kurzem Vokal.	f**ä**llt verst**ä**rken h**äu**fig	O Ich beachte die Endung. ⊗ Ich suche ein verwandtes Wort. O Ich beachte das Signalwort. O Ich verlängere das Wort.

❸ Streiche im folgenden Text die sechs Fehlerwörter durch und schreibe sie richtig darunter.

Wilde ~~Fanthasien~~ ~~darrüber~~, was in der Prüfung ~~schlimmes~~ passieren könnte, verstärken nur die Unsicherheit. Oft hilft es schon ein ~~bißchen~~, wenn einem klar wird, ~~das~~ es den anderen ähnlich ergeht. Eine gesunde Aufregung ist tatsächlich wichtig und setzt ~~heufig~~ Energien frei, die den Gedanken auf die richtigen Sprünge helfen.

Fantasien (Phantasien), darüber, Schlimmes, bisschen, dass, häufig

❹ Die folgenden Wörter haben jeweils zwei Gemeinsamkeiten. Schreibe oben in das erste Kästchen die gemeinsame Endung. Was ist im zweiten Kästchen einzutragen? Finde weitere Wörter.

-ie	➪ Nomen	-ieren	➪ Verb	-ell	➪ Adjektiv
Energ**ie**	**Strategie**	pass**ieren**	**definieren**	individu**ell**	**kulturell**
Harmon**ie**	**Melodie**	akzept**ieren**	**diktieren**	finanzi**ell**	**aktuell**
Fantas**ie**	**Industrie**	dress**ieren**	**gratulieren**	materi**ell**	**eventuell**
Bürokrat**ie**	**Batterie**	diskut**ieren**	**operieren**	offizi**ell**	**manuell**
Manie, Hegemonie, Philosophie, Chemie, Harmonie		**rentieren, strukturieren, offerieren, manipulieren, differieren, agieren**		**industriell, bakteriell, virtuell, visuell, rationell**	

Vervollständige die Wörter und trage sie oben entsprechend in die Tabelle ein.

kultur**ell**, defin**ieren**, Strateg**ie**, dikt**ieren**, aktu**ell**, Melod**ie**, gratul**ieren**, manu**ell**, Industr**ie**, eventu**ell**, oper**ieren**, Batter**ie**

RS Name: ______________________ Datum: ______________

Bei gleichklingenden Wörtern nach der Bedeutung fragen

Wörter, die gleich gesprochen, aber unterschiedlich geschrieben werden, haben eine verschiedene Bedeutung. Schreibe hinter jedes Wort ein verwandtes Wort und ein Beispiel in Form eines kurzen Satzes oder einer Wortgruppe.

bis, bisher:	bis morgen	Mahl, ______:	
Biss, ein bisschen:	der Biss des Hundes	Mal, ______:	
Bote, Briefbote:		mahlen, ______:	
Boote, Bootsfahrt:		malen, ______:	
Ende, endlich:		man:	
Ente, Ententeich:		Mann, ______:	
ist (sein):		mehr, ______:	
isst, essen:		Meer, ______:	
fällt, ______:		Miene, ______:	
Feld, ______:		Mine, ______:	
fast (beinahe):		Rad, ______:	
fasst, ______:		Rat, ______:	
fiel (fallen):		reisen, ______:	
viel (mehr):		reißen, ______:	
ganz, ______:		seid (sein):	
Gans, ______:		seit, ______:	
hast (haben):		Saite, ______:	
hasst, ______:		Seite, ______:	
heute, ______:		Stadt, ______:	
Häute, ______:		statt, ______:	
ihm:		Stiel, ______:	
im:		Stil, ______:	
ihn:		Tod, ______:	
in:		tot, ______:	
Last, ______:		Ur-, ______:	
lasst, ______:		Uhr, ______:	
lehren, ______:		Wahl, ______:	
leeren, ______:		Wal, ______:	
Leib, ______:		wahr, ______:	
Laib, ______:		war, ______:	
Leuten, ______:		Waise, ______:	
läuten, ______:		Weise, ______:	
Lied, ______:		wieder, ______:	
Lid, ______:		wider, ______:	

RS	Name: ____________________	Datum: ______________

Bei gleichklingenden Wörtern nach der Bedeutung fragen

Wörter, die gleich gesprochen, aber unterschiedlich geschrieben werden, haben eine verschiedene Bedeutung. Schreibe hinter jedes Wort ein verwandtes Wort und ein Beispiel in Form eines kurzen Satzes oder einer Wortgruppe.

Wort	verwandtes Wort	Beispiel
bis, bisher:		bis morgen
Biss, ein bisschen:		der Biss des Hundes
Bote, Briefbote:		**den Boten erwarten**
Boote, Bootsfahrt:		**ein Boot mieten**
Ende, endlich:		**am Ende des Jahres**
Ente, Ententeich:		**Enten bitte nicht füttern!**
ist (sein):		**Das ist schön.**
isst, essen:		**Er isst gerne Eis.**
fällt,	**fallen**	**Es fällt ihm schwer.**
Feld,	**Kornfeld**	**das Feld bestellen.**
fast (beinahe):		**fast am Ziel sein**
fasst,	**fassen**	**Er fasst einen Entschluss.**
fiel (fallen):		**Es fiel ihm leicht.**
viel (mehr):		**viel Obst essen**
ganz,	**das Ganze**	**den ganzen Tag**
Gans,	**Graugans**	**einen Gansbraten essen**
hast (haben):		**Hast du schon gehört?**
hasst,	**hassen**	**seine Feinde hassen**
heute,	**heutig**	**heute Abend**
Häute,	**die Haut**	**die Häute der Zwiebel**
ihm:		**Ich schreibe ihm.**
im (in dem):		**im Garten sein**
ihn:		**Ich kenne ihn.**
in:		**in die Schule gehen**
Last,	**Lastwagen**	**eine schwere Last**
lasst,	**lassen**	**Lasst euch gratulieren.**
lehren,	**die Lehre**	**an der Hochschule lehren**
leeren,	**die Leere**	**den Mülleimer leeren**
Leib,	**Leibspeise**	**mit Leib und Seele**
Laib:		**ein Laib Brot**
Leuten,	**Leute**	**vielen Leuten begegnen**
läuten,	**laut**	**die Glocken läuten**
Lied,	**Volkslied**	**ein Lied singen**
Lid,	**Augenlid**	**mit den Lidern zucken**

Wort	verwandtes Wort	Beispiel
Mahl,	**die Mahlzeit**	**ein festliches Mahl**
Mal,	**das erste Mal**	**zum letzten Mal**
mahlen,	**Mahlstein**	**das Getreide mahlen**
malen,	**der Maler**	**ein Bild malen**
man:		**Man tut, was man kann.**
Mann,	**Ehemann**	**ein junger Mann**
mehr,	**mehrfach**	**mehr Geld fordern**
Meer,	**Weltmeer**	**im Meer baden**
Miene,	**Mienespiel**	**eine spöttische Miene**
Mine,	**Minenfeld**	**die Kugelschreibermine**
Rad,	**Fahrrad**	**mit dem Rad fahren**
Rat,	**Ratschlag**	**nach einem Rat fragen**
reisen,	**die Reise**	**nach Bayern reisen**
reißen,	**der Riss**	**Papier in Stücke reißen**
seid (sein):		**Ihr seid gut drauf.**
seit,	**seitdem**	**Ich bin seit gestern hier.**
Saite,	**Saitenhalter**	**eine Saite der Geige**
Seite,	**Südseite**	**auf der linken Seite**
Stadt,	**Hauptstadt**	**in die Stadt fahren**
statt,	**anstatt**	**statt bar mit Karte zahlen**
Stiel,	**Besenstiel**	**Rose mit langem Stiel**
Stil,	**Baustil**	**Das ist nicht mein Stil.**
Tod,	**tödlich**	**bis zu seinem Tod**
tot,	**töten**	**tot sein, die Toten ehren**
Ur-,	**Urwald**	**Ursache, Urlaub**
Uhr,	**Uhrzeit**	**die Uhr stellen**
Wahl,	**wählen**	**zur Wahl gehen**
Wal,	**Blauwal**	**Der Wal ist ein Säugetier.**
wahr,	**Wahrheit**	**Das ist wirklich wahr.**
war,	**waren**	**Ich war noch nicht da.**
Waise,	**Waisenkind**	**eine Waise adoptieren**
Weise,	**der Weise**	**der weise Philosoph**
wieder (nochmals)		**Ich komme wieder.**
wider (dagegen)		**Ich widerspreche dir.**

RS	Name: ______________________	Datum: ______________	

Fehler-Hitparade
Wo mache ich die meisten Fehler?

Art des Fehlers	Häufigkeit (jeder Fehler ein Strich)	Übung
Nachdenkwörter		
• Wörter mit **Mitlautverdopplung** **ff**, **ll**, **mm**, **nn**, **pp**, **mm**, **rr**, **ss**, **tt**	______	______
• Wörter mit **ck** und **tz**	______	______
• Wörter mit **ie**	______	______
• Wörter mit **weichem/hartem Mitlaut am Wortende b/p**, **d/t**, **g/k** oder **h**	______	______
• Wörter mit **ä** oder **äu** (Stammwort mit a oder au)	______	______
Merkwörter		
• Wörter mit **Dehnungs-h**	______	______
• Wörter mit **Doppelvokal** (**aa-ee-oo**)	______	______
• Wörter mit **ß**	______	______
• Wörter mit **ä**, **ai** und **ay** (bei ä kein verwandtes Wort mit a)	______	______
Fremdwörter		
• **Andere Aussprache** (z. B. c/ch wie k, v wie w)	______	______
• Wörter mit **Th/th**, **Ph/ph** und **y**	______	______
Wortbausteine		
• **Vorsilben** (ver-, vor-, miss-, ex-)	______	______
• **Endungen** (-nis/se, -ieren, -tät)	______	______
• **Nahtstellen** (z. B. zwei oder drei Laute treffen aufeinander)	______	______
Groß- und Kleinschreibung		
• Statt groß- **kleingeschrieben**	______	______
• Statt klein- **großgeschrieben**	______	______
Zusammen- / Getrenntschr.		
• Statt getrennt **zusammen**	______	______
• Statt zusammen **getrennt**	______	______
Satzzeichen		
• **Kommafehler**	______	______
• **Andere Satzzeichen**	______	______
Gleichklingende Wörter		
• Rad - Rat, seid - seit, im - ihm	______	______

Wichtige Rechtschreibstrategien

Rechtschreibfall	**Lösungsstrategie mit Begründung**
ho**ff**en, aktue**ll**, ke**nn**en, Mu**tt**er, Adre**ss**e	Ich **verdopple** nach **kurz**gesprochenem Vokal den **Mitlaut**. Ist nach einem kurzen Vokal nur ein Mitlaut hörbar, dann wird dieser verdoppelt.
ko**mm**t, so**ll**st, wi**ss**t, gewi**nn**t, ho**ff**st, spe**rr**st	Ich bilde die **Grundform** und trenne das Wort. In der Grundform kann ich beim silbenweisen Sprechen den doppelten Mitlaut hören, z. B. ko**m-m**en.
Bli**ck**, tro**ck**en, pa**ck**en, Ka**tz**e, se**tz**en, Bli**tz**	Ich schreibe nach **kurz**gesprochenem Vokal **ck** oder **tz**, wenn nur ein hörbarer k- oder z-Laut folgt. Verdopplung **ck** (statt kk) und **tz** (statt zz).
Br**ie**f, l**ie**gen, n**ie**mand, Energ**ie**, Turn**ie**r, prob**ie**ren	Ich schreibe das langgesprochene i mit **ie**. Das langgesprochene i wird meist mit ie geschrieben. Das gilt auch für die Wortendungen **-ie**, **-ier**, **-ieren**.
Kin**d**, gel**b**, Ta**g**, frü**h**	Ich **verlängere** das Wort. Bei einer Verlängerung und silbenweisem Mitsprechen kann ich die Mitlaute **b**, **d**, **g** und **h** am Wortende besser hören.
le**b**t, sa**g**st, gelo**b**t, lie**g**t, ge**h**t, gedro**h**t, zie**h**st	Ich bilde die **Grundform** und trenne das Wort. In der Grundform kann ich beim silbenweisen Mitsprechen das **b**, **g** oder **h** besser hören, z. B. lebst -> le-ben.
Han**dt**uch, We**gk**reuz, Gesun**dh**eit, le**bl**os	Ich trenne das Wort oder trenne die Nachsilbe ab, um **verlängern** zu können, z. B. Hand|tuch -> Hän-de, Gesund|heit -> ge-sün-der.
R**ä**tsel, kr**ä**ftig, Br**äu**ne, h**äu**fig	Ich suche ein **verwandtes Wort** mit **a** oder **au**. Nur wenn es ein verwandtes Wort mit a oder au gibt, wird **ä** oder **äu** geschrieben. Wenn nicht: **e** oder **eu**.
Heiz**ung**, heiz**bar**, Krank**heit**, Zeit**ung**, ruh**ig**, lang**sam**	Ich beachte die **Nachsilbe**. Bei den Nachsilben -heit, -keit, -nis, -schaft, -ung ➪ **Großschreibung** Bei den Nachsilben -ig, -lich, -isch, -bar, -haft, -los, -sam ➪ **Kleinschreibung** Bei Fremdwörtern: -age, -anz, -eur, -ie, -tion, -tät ➪ **Großschreibung** -ell/-iell, -ieren, -isch, -iv ➪ **Kleinschreibung**
das/beim/sein **S**pielen das **N**eue, ein **L**achen lautes **L**achen am/beim/zum **A**rbeiten sein **B**estes, unser **H**andeln etwas **G**utes, nichts **B**öses **B**aden, **Z**elten verboten	Ich beachte das **Signalwort**, das ein folgendes Wort zum **Nomen** macht. Es gibt verschiedene Arten von Signalwörtern. Das Signalwort ist ein **Artikel**: **das** Besondere, **das** Für und Wider. Das Signalwort ist ein **Adjektiv**: **kurzes** Überlegen, ein **schnelles** Rennen. Das Signalwort ist eine **Präposition** (oft mit verstecktem Artikel: beim = bei dem). Das Signalwort ist ein **Pronomen**: **ihr** Kommen und **sein** Gehen. Das Signalwort ist ein **unbestimmtes Zahlwort**: **wenig** Neues, **alles** Gute. Das Signalwort ist ein **dazugedachter Artikel**: (Das) Baden und (das) Zelten.
verlassen, **V**orfahrt, **ent**fernen, **miss**achten, E**x**port	Ich beachte die Vorsilbe und schreibe immer **ver-** oder **vor-** mit **v**, **ent-** mit **t**, **miss-** mit **ss**, **ex-** mit **x** und **prä-** mit **ä**.
Süß**stoff**, glas**klar**, tags**über**, Bilder**buch**, konflikt**frei;** Real**schule**	Ich beachte bei einem zusammengesetzten Wort das **Grundwort**, nach dem sich die Schreibweise richtet. Nur wenn das Grundwort ein Nomen ist, wird es großgeschrieben, sonst immer klein, z. B. Wortbaustein, nagelneu.
au**ss**ehen, en**tt**äuschen, Moto**rr**ad, Les**ee**cke, Schi**fff**ahrt, T**eee**rnte	Ich beachte die **Nahtstelle**. Bei abgeleiteten oder zusammengesetzten Wörtern können zwei oder sogar drei gleiche Laute aufeinandertreffen, z. B. erraten, auffordern, vielleicht, Satzzeichen, Betttuch, Seeelefant.
Arbeit**s**zeit, kondition**s**stark, tag**e**lang, sonne**n**klar	Ich beachte den **Fugenbaustein** (meist ein „-s“). Die Fugenbausteine **-s-**, **-e-**, **-en-**, **-es-**, **-n-** verweisen auf **Zusammenschreibung**.
Ende ≠ Ente lehren ≠ leeren	Bei gleichklingenden Wörtern frage ich nach der **Bedeutung**. Unterschiedliche Bedeutung: im Unterricht l**eh**ren - den Papierkorb l**ee**ren